“北京大学创建世界一流大学建设计划”资助

[经济学论丛]

Economics Monographs

扩张性财政政策的长期效应

THE LONG-RUN EFFECTS OF EXPANSIONARY FISCAL POLICIES

王志伟 湛志伟 毛 晖 /著

北京大学出版社
PEKING UNIVERSITY PRESS

图书在版编目(CIP)数据

扩张性财政政策的长期效应/王志伟,湛志伟,毛晖著.—北京:北京大学出版社,2010.3

(经济学论丛)

ISBN 978-7-301-16401-3

Ⅰ.扩… Ⅱ.①王… ②湛… ③毛… Ⅲ.财政政策-研究-中国
Ⅳ.F812.0

中国版本图书馆CIP数据核字(2009)第222689号

书　　名:扩张性财政政策的长期效应
著作责任者:王志伟　湛志伟　毛　晖　著
责 任 编 辑:郝小楠　李　琳
标 准 书 号:ISBN 978-7-301-16401-3/F·2383
出 版 发 行:北京大学出版社
地　　址:北京市海淀区成府路205号　100871
网　　址:http://www.pup.cn
电　　话:邮购部62752015　发行部62750672　编辑部62752926
　　　　　出版部62754962
电 子 邮 箱:em@pup.pku.edu.cn
印 刷 者:三河市北燕印装有限公司
经 销 者:新华书店
　　　　　650毫米×980毫米　16开本　11印张　183千字
　　　　　2010年3月第1版　2010年3月第1次印刷
印　　数:0001—4000册
定　　价:25.00元

目录

前言

1997年亚洲金融危机发生后，我国在向社会主义市场经济体制转变的改革开放与经济发展的进程中，首次遭遇了因国际经济形势变化所引起的国内总需求不足影响经济发展的问题。对此，我国及时采取了积极的扩张性财政政策和货币政策来扩大内需，并且，在随后几年内连续加以使用，取得了较好的效果，从而在宏观层面上基本保证了我国经济的较平稳发展。

对于由此而引起的诸如我国经济发展中怎样维持经济的稳定和增长，怎样解决国内总需求不足的问题，应该采取怎样的宏观经济政策，怎样发挥财政政策的作用等问题，我国已经有学者陆续在不同程度上加以研究，探讨宏观调控的相关理论和政策，发表了一些成果。但是，这些研究多数属于短期分析，对于宏观经济调控的理论和政策实施的长期性问题，探讨并不很多。鉴于这种情况，本书将从后一方面作些研究和探讨，以期推动对相关问题认识的深入。

宏观经济调控，即如何保证经济在整体上保持平稳、健康的发展，始终是宏观经济学研究和经济政策研究所面临的重要问题。在现代西方国家市场经济条件下，宏观经济调控主要有两种基本思路和做法：其一是充分利用市场经济自身的调节功能，使经济在较为规律的周期性波动和短期波动范围内保持大致平稳的发展。其二是借助政府的力量帮助经济保持平稳发展。

在第一种思路下，经济的正常波动本身有时就是更大波动的一种调节机制，是以经常性的较小波动作为宣泄口，释放出推动经济较大波动的能量，从而避免大的波动对经济形成的较大冲击。理想的情况是，经济不断以较多小的波动进行即时调节，从而避免大的波动和震荡。但是，历史的经验证明，这种做法会多付出一些经常调节的代价，而且在某些情况下对较大的经济失衡仍然表现出在短期内的无能为力。这是第一种思路和做法的缺点和不足。

在市场经济发展进程中,古典和新古典经济学家们曾经乐观地认为,市场经济具有一种对经济进行自动调节的机制,可以保证在局部和暂时的小的波动基础上,实现宏观经济的整体稳定与和谐。"萨伊定律"(Say's Law)就是对这种看法的最简单理论概括。在整个19世纪和20世纪20年代之前,西方市场经济国家的经济发展似乎大致证明了这一看法的合理性与市场自动调节机制的基本有效。但人类经济发展史上出现的较大萧条和经济衰退似乎从反面对该种思路和做法作出了否定。于是,也有部分经济学家对于如何认识和克服较大的经济波动和萧条,进行了积极的探讨。

20世纪二三十年代,西方主要市场经济国家先后发生的长期较大的经济衰退和萧条,使人们对上述第一种思路和做法产生了怀疑。对认识和解决宏观经济调控问题的探讨也在这一时期前后达到了一个广泛的高潮。其最突出的结果就是凯恩斯主义宏观调控思想和政策主张的出现,及其所产生的长远影响。上述第二种思路和做法,就是其直接结果。

在第二种思路下,经济在市场自动调节机制自身无能为力的情况下,可以借助政府干预的力量,在短期内摆脱经济失衡,也可以不断地通过小的调节,避免大的震荡。通过政府对经济活动的干预可以做一些市场机制自身难以自动做到的事,是这种思路和调节方式的特点。美国在经济大萧条期间的"罗斯福新政",第二次世界大战期间一些国家的战时经济体制,以及战后出现的政府干预和调节经济的做法,似乎都从某种角度和某种程度上证明了该种思路和做法的有效性。但是,在该种方法和思路的实施过程中,能否保证政府对经济干预的方向、方式和力度的正确无误,是至关重要的条件。没有这方面的保证,政府干预的调节思路和方式也许会造成更大的经济失衡。20世纪70年代后西方经济理论界所产生的激烈争论,焦点就集中在这些方面。这种质疑导致了美国等国家宏观经济调控思路和做法的很大改变。到20世纪80年代,伴随着美英等经济发达国家出现的私有化浪潮,在一定程度上又出现了向第一种思路和做法回归的迹象。但它是否是一种简单的或完全的回归呢?我们说,实际情况并非如此。

当今世界上,许多市场经济国家(大部分是西方市场经济国家)在宏观经济调控方面,实际上都是同时或交替采取上面两种思路和做法的,既由市场机制进行经常性的调节,也在必要时辅以政府调控。各国间的区别仅在于,由于各国的国情差异所决定的对宏观经济调控手段运用的技巧和程度有所不同,产生的政策效果也有所不同而已。

20世纪以来,特别是二战以后,西方发达国家在国家干预思想影响下，一直进行着扩大总需求的政策研究和分析，尤其是扩大总需求的财政政策研究和分析，提出了一整套实行扩张性财政政策的理论和思想，并且在实践中取得了一定的经验，也产生了一些教训。我国在亚洲金融危机发生后的几年实践中，也取得了一些扩大内需的政策研究和实践上的成功经验。

随着西方发达国家经济形势的发展变化和经济学主流倾向的改变，多数经济学家和美国政府将20世纪70年代初期发生的严重通货膨胀和经济滞胀问题，归因于长时期连续实行扩张总需求政策的结果。从那以后，西方经济发达国家至少从形式上基本摒弃了扩张总需求的宏观政策取向，经济政策研究的中心也从这方面转移开。20世纪80年代后，在经济自由主义思潮主导和支配下，西方国家中几乎听不到多少提倡研究和运用扩大总需求政策的声音，对扩大内需的理论和政策研究也处于被冷落的境地。只是在2007—2008年由美国次贷危机所引发的全球性金融危机和经济衰退发生后，西方各国才再次想起呼唤政府干预经济、进行宏观经济调控的做法。

我国在亚洲金融危机以后，在几年内连续实行了扩大内需的宏观经济政策，取得了较好的效果，但也发现了一些问题。在这方面，我们尚未很好地总结自己的经验和不足，尚未在理论上给予进一步的深入研究。

当前世界经济增长的前景再次因美国次贷危机触发的全球金融危机和经济萧条而难以乐观看待。我们则面临着加入WTO后在经济全球化的联系中，既要面对激烈的竞争和挑战，又要应对在经济全球化联系中受到外界拖累时，保持我国经济健康、稳定增长的任务。在这种情况下，前些年实行扩大内需政策的做法和经验，对于我们来说，究竟仅仅是短期的权宜之计，还是应该从长期的战略方面考虑，就成为十分重要的问题。我们有没有条件来长期实行扩大内需的政策？长期实行扩张性财政政策，会不会像美国在20世纪70年代那样产生严重的通货膨胀和巨额财政赤字问题？我们在当前这个历史时期应当怎样继续实行扩大内需的扩张性财政政策？这样的政策效果将会如何？在哪些领域，扩张性财政政策可能取得更大的经济效果？我们在实行扩张性财政政策时是否应该在政策上孤军奋战？如果不是的话，需要怎样的政策配合？在实行扩大内需的政策方面，我们是否应该超越西方国家和自己的已有经验，有所创新？只有将这些问题解决好，切切实实地提出适当的对策，才能真正对推动我国的经济发展有所帮助。

本课题的**基本研究思路**是，在对国内外扩大内需的财政政策进行比较研究的基础上，结合我国的实际情况，重点研究和探讨我国前些年实行扩大内需的财政政策的经验和不足，寻求在当前面对全球经济衰退形势下，如何采取有效的扩大内需政策和对策，来保证我国经济的持续健康增长。

本课题主要采用比较分析的方法，从理论和实证分析两方面进行研究。**具体内容**主要包含：

(1) 研究西方国家扩大内需的经济政策和经验教训，其中主要是扩张性财政政策，但是也注意它和其他政策的配合。

(2) 研究我国近年来实行扩大内需政策的经验和不足之处，重点也在财政政策方面。

(3) 将西方国家的扩大内需的财政政策与我国扩大内需的财政政策进行比较研究，以获得适当的启示。

(4) 具体分析我国采用扩大内需政策的使用方向、支持条件和最终效果。主要包含扩大政府支出、减税、增加政府转移支付、增发国债等财政政策、扩张性收入政策、扩张性货币政策，以及适当的金融政策等。重点是积极(扩张性)财政政策方面。

(5) 我国实行扩大内需的积极(扩张性)财政政策的长期可行性分析。

(6) 我国长期实行扩大内需的政策的预期后果和应该注意的问题。

(7) 提出我们的创新性观点，对扩大内需的积极(扩张性)财政政策的长期性与短期性关系问题、策略性与战略性关系问题，以及所涉及的总供给与总需求关系问题提出自己的研究结论。

我们由本课题得出的**主要观点**是：

(1) 扩大内需的积极(扩张性)财政政策在特定条件下和特定时期中的积极效果，已为西方经济发达国家的实践所证明。这反映了**此类政策在市场经济条件下的一定合理性与现实性**。我们应当加以借鉴，而不应当完全跟着西方国家流行的经济自由主义风向和某些相关论调去简单地否定它。

(2) 扩大内需的积极(扩张性)财政政策产生积极效果是需要**一定条件和时机**的。是否具备这些条件和时机，是能否采用扩大内需的积极(扩张性)财政政策取得成功、能够在多大程度上取得成功、有多大副作用的重要影响因素。**考虑采用扩大内需的积极(扩张性)财政政策就必须考虑这些必备条件和时机的情况**。在这方面，我们应该注意吸取和借鉴西方国家的一些经验教训。

（3）我国的社会主义市场经济与西方发达国家的市场经济有着很大的不同。我们不能采取完全自由放任的政策，因而，采用一定的政府干预政策来平抑经济波动、稳定经济是完全必要的。**扩大内需的积极（扩张性）财政政策就是我们在发展经济过程中不可避免的选择之一**。

（4）通过实证分析，可以发现，**我国的具体经济条件具备在一个特定较长时期内实行扩大内需的积极（扩张性）财政政策的可能**。

（5）近年来，**我们已经具有了实行扩大内需的积极（扩张性）财政政策的一定的成功经验**。这有利于我国今后继续实行此类政策，也可以为我国继续实行此类政策取得社会信任和民众的支持。

（6）**长期实行扩大内需的积极（扩张性）财政政策需要注意一些问题**，以免引起不期望出现的副作用。

（7）**我国实行扩大内需的政策，主要方向应该是财政政策方面，但是，也应该有货币政策、金融政策和收入政策等方面的适当配合**。在一定条件下，其他方面甚至也可以成为我们特定时期的主要政策选择方向。

（8）我国实行扩大内需的积极（扩张性）财政政策应当有所创新，而不必墨守成规。**我们将在该课题中提出有别于西方国家的一个创新性观点，即在中国的市场经济条件下，扩大内需的政策不仅仅是总需求方面的政策，而且是总供给方面的政策；不仅是短期政策，它还是一种长期的政策；不仅是一种策略性政策，而且是一种战略性政策**。

我们相信，本课题的研究所提出的一些创新性观点对于相关的理论研究是一种深化，对于我国的宏观经济调控政策，也是一种有益的参考。

第1章

各国实行扩张性财政政策的历史实践

自20世纪30年代中期英国经济学家约翰·梅纳德·凯恩斯(John Maynard Keynes)在广泛的经济大萧条背景下提出了较为系统的国家干预经济的理论和政策主张。第二次世界大战后西方各国大多采纳了他的思想和建议,采取了相应的做法来稳定市场经济,特别是在经济衰退和危机发生时采用扩张性的财政政策和货币政策来稳定和平抑经济。这一做法在二战后的前四分之一个世纪里似乎一直起到了较好的效果。特别是美国,这一时期被叫做战后经济发展的"黄金时代"。美国和其他一些市场经济国家在这方面的做法和经验是否值得我们参考和借鉴?这是值得我们认真考虑的。下面,就让我们来具体考察几个国家的情况,从而对国家干预经济的效果,特别是对扩张性财政政策的实践有所考察和了解。

1.1 美国实行扩张性财政政策的实践

1.1.1 美国实行扩张性财政政策的最初实践

扩张性财政政策最早是英国经济学家约翰·梅纳德·凯恩斯针对20世纪30年代英国和西方国家普遍发生的经济大萧条提出来的。其核心内容是公开摒弃在当时占据主导地位的、以剑桥学派为代表的、新古典经济学传统的所谓"健全财政原则"(即量入为出、平衡预算的财政原则),扩大政府开支,用于公共工程项目,举借公债,实行财政赤字预算的政策,借以扩大总需求,克服经济萧条。

当时的美国也面临着严重的经济萧条。1929—1933年间,工业生产下降了44.7%,国内生产总值下降了28%,失业人数达到了1400万人,失业率为25%,普通人的生活水平倒退了20年。1932年的工业生产水平仅仅达到1929年最高水平的53%。罗斯福总统上台后,也力图尽快克服经济危机。尽管罗斯福没有有意识地接受和采纳凯恩斯来自英国的建议,但是,他在实际举措上采取了本质上与凯恩斯扩张性财政政策相一致的做法,作为反危机的手段。这就是所谓"罗斯福新政"。

针对美国当时十分严重的失业问题,罗斯福政府举办了大量的公共工程和基础设施建设。如建立平民自然资源保护队;雇用失业青年从事造林和水土保持等工作;政府拨款帮助各州、地区进行直接救济或以工代赈,给大批失业者提供就业机会,以减少社会的不稳定。据称,美国四通八达的公路系统在很大程度上就得益于当时的大兴土木。

虽然罗斯福总统一再声称,并不打算放弃平衡预算的财政原则,但事实上经济衰退却一直在使财政赤字额不断增大。1938 年 6 月,美国国会通过为开支计划拨款的立法时,财政赤字已经达到了 29 亿美元。尽管在今天看来,这个数字并不算大,但是对于长期实行平衡预算的美国政府来说,这已经是相当可观的数字了。

罗斯福政府在这一时期的政策实践向人们表明了扩张性财政政策对经济恢复发展的巨大积极影响。在 1936 年年初和 1937 年年中,美国联邦开支曾一度下降,但是随后经济就出现了急剧滑坡。直到 1938 年春,当罗斯福政府再度提出扩大政府财政开支和借贷计划后,经济才又开始迅速回升。

20 世纪 30 年代罗斯福总统在美国实行的扩张性财政政策实践表明,在当时条件下,扩张性财政政策的确在推动美国经济走出萧条方面发挥了积极作用。也正是这一实践,为美国在二战以后较长时期内全面实行凯恩斯主义经济政策和信奉凯恩斯主义经济学理论提供了客观基础,同时,也为其他国家在战后采用凯恩斯主义的扩张性财政政策预防经济萧条提供了参考和激励。

1.1.2 美国实行补偿性财政政策的实践

补偿性财政政策最初是由美国经济学家阿尔文·汉森(Alvin Hanson)提出来的。二战后,美国一些经济学家认为,凯恩斯主义的理论和政策只是特殊情况下的产物,因而,只能在特定情况下使用,不能长期使用。对此,汉森认为,凯恩斯主义的财政政策并不只是危机到来后的片面性膨胀政策,它应该是一个彻底消灭经济危机的全面性方案。在这一认识基础上,汉森提出了补偿性财政政策的主张,即在经济萧条期,政府应增加财政支出,以扩大有效需求,增加就业量;而在经济高涨或通货膨胀时期,政府则应减少财政支出,实现预算平衡或结余,以降低有效需求,控制通货膨胀。这样,以经济繁荣时的财政盈余弥补经济萧条时的财政赤字,就能实现财政预算的周期性平衡。这种财政政策后来被叫做“补偿性财政政策”。

20世纪50年代,美国政府采用了汉森提出的这一补偿性财政政策。其结果是,在这一时期,一直没有发生财政赤字与通货膨胀。在艾森豪威尔担任总统的八年中(1952—1960年),有三年是有财政盈余的,而财政赤字的最高纪录是125亿美元。但在艾森豪威尔执政期间,经济增长却是缓慢的。在这一时期共发生了三次经济衰退,从1953年到1960年,美国的实际国民生产总值每年只增长了2.5%,而同一时期联邦德国、法国、意大利、日本、苏联,甚至许多发展中国家的增长速度都大大超过了美国。因此,这一时期被称为“艾森豪威尔停滞”①时期。

应该说,汉森关于“补偿性财政政策”的设想还是有一定道理的,其前提是,在周期变化中,经济繁荣的时间要比经济衰退或萧条的时间长,在相应时期里的财政盈余要与财政赤字相当,或者盈余大于赤字。但是,现实中的情况与这种前提很难完全一致。美国的实践表明,汉森提出的“补偿性财政政策”并没有取得十分理想的结果。另外,他重点不谈对经济衰退的抑制和调节,脱离或忽略了对经济情况的分析,只讲财政预算的补偿,显然是非常表面化的。“补偿性财政政策”的上述情况导致了它被扩张性财政政策的其他方式所替代。

1.1.3 美国实行增长性财政政策的实践

增长性财政政策是由美国经济学家、肯尼迪政府的经济顾问委员会主席赫勒与托宾(Heller & Tobin)在20世纪60年代提出来的,其主要内容是以充分就业与经济增长为目标的长期预算赤字政策。增长性财政政策在本质上仍然是扩张性的财政政策。

赫勒认为,当时美国经济停滞和失业增加的原因是:潜在生产能力与实际生产能力之间已形成越来越宽的“鸿沟”,这是长期奉行补偿性财政政策的恶果。因为补偿性财政政策要求在经济衰退过去之后增加税收和削减开支,来弥补反衰退财政政策所产生的赤字,但这却对经济增长造成了一种“财政阻力”,也就是说,增税和削减政府开支降低了投资规模。在

① 晏智杰:《西方市场经济下的政府干预》,中国计划出版社,1997年,第135页。

赫勒看来,政府必须实行以3.5%的经济增长率和4%以下的失业率为目标的长期赤字财政。

赫勒和托宾的这一思想把财政政策从过分害怕赤字的框框下解放出来。从此,长期实行赤字财政就成为了当时美国政府刺激经济的主要手段。事实也证明,肯尼迪和约翰逊两任政府连续采用减税和扩大政府支出的扩张性财政政策,使美国出现了二战后最长时期的经济扩张。从1961年2月到1969年12月,美国经济增长持续了106个月。1969年美国的失业率仅为3.5%,达到了凯恩斯主义者提出的充分就业水平。[①]

这一增长性财政政策的实践不仅使当时的美国经济走出了低谷,而且进一步把美国推向了"福利国家"的道路,使政府干预经济的规模空前扩大。这具体表现为:健全和完善了失业、养老、医疗等社会保险和社会福利制度,实现了国民收入的再分配,使贫富悬殊的现象得到一定程度的缓和;加强了联邦政府对医疗卫生和教育领域的干预,增加了人力资本投资,提高了劳动者素质,推动了科技进步;在基础设施方面,由政府大量投资为私人改善投资环境,普遍促进了工农业的发展,特别是汽车工业、建筑业、第三产业的发展和边远地区的开发;制定城市和环境保护立法,着手解决城市颓败和环境污染的问题。

增长性财政政策确实带来了美国经济在二战后的"黄金时代"。但财政赤字规模的不断扩大,最终却导致了20世纪60年代末和70年代初的严重经济停滞和通货膨胀问题。加之当时又遭遇到世界性粮食短缺和石油危机,美国的失业率和通货膨胀都上升到了两位数。

二战后美国经济在长期内持续实行扩张性财政政策的实践表明,这一政策在推动经济增长和克服经济萧条与衰退方面,的确有其积极作用。但是,由于美元在二战后的特殊地位,当美国增发货币来满足其扩张性财政政策的需要和弥补其财政赤字缺口时,实际上通过美元的作用将这一责任推给了世界其他国家。因此,在一定时期内,可以看到美国经济的持续增长,也没有通货膨胀;而其他国家将美元作为外汇储备或支付手段时,也暂时没有发生美元危机。但随着时间的延长,美国境外的美元达到一定规模时,在特定条件下便产生了美元危机,它也因此给美国本土带来了通货膨胀等严重问题。20世纪70年代美国发生的经济滞涨就正是这种情况。也正是由于这种负面作用,促成了美国在二战后前四分之一世纪里主导性

① 颜鹏飞、张彬:《凯恩斯主义经济政策述评》,武汉大学出版社,2007年,第30页。

经济思想和政策主张在20世纪70年代的一次大转变,促成了凯恩斯主义经济学及其政策主张地位的动摇和衰落,也促成了新自由主义经济学及其政策主张地位的上升。

1.1.4 美国实行供给管理——应对"滞胀"的财政政策实践

在美国20世纪70年代初出现经济停滞和通货膨胀并发的经济背景下,供给经济学派认为,促进经济增长的着眼点不应是需求而应是供给。他们主张回到20世纪30年代被凯恩斯抛弃、并为其后大部分主流经济学家所否定的"萨伊定律"。供给学派的经济学家认为,萨伊定律之所以正确,是因为供给是需求的唯一可靠的源泉。没有供给就没有需求,没有出售产品的收入,也就没有可以用来购买商品的支出。因此,只要依据萨伊定律去做,制定一系列的供给管理政策来刺激储蓄,储蓄就会自动转化为投资,投资增加就能提高劳动生产率和增加产量,从而促进经济的增长。这样,一个没有通货膨胀的充分就业均衡的局面就会出现。

供给学派强调,降低税率,特别是降低边际税率能够刺激供给、促进经济增长并抑制通货膨胀,并提出了著名的"拉弗曲线"(Laffer Curve)来加以论证。他们提出的减税政策是相当全面和具体的。这包括:

1. 应当为刺激资本形成的增加而实行减税

首先,要实行资本加速折旧政策,将机器设备名义上的使用年限缩短,企业每年多提留可以免税的折旧额。供给学派认为,加速折旧使企业能提前收回投资,因而会刺激投资的增加。里根政府于1981年实施了这一政策。

其次,降低公司所得税税率,让企业保留更多的税后收入,增加了企业的再投资资金。

另外,还要降低资本增值税。资本增值税是指在金融资产以高于原价卖出获利时征收的税种。降低资本增值税可以显著加快资本流动,促进实际资本投资活动的进行。在供给学派的倡导下,美国国会于1979年和1981年两次降低了资本税税率。

2. 对储蓄收入实行减税

供给学派认为,如要增加投资,必先增加储蓄,因此,他们主张对所有的利息收入和股息收入实行减税。当时的美国政府在实践中推行了这一政策,从1985年开始对利息收入实行了减税。

3．降低个人所得税的税率。

为了刺激劳动这一生产要素供给的增加，供给学派主张降低个人所得税。他们认为，个人所得税税率的降低能鼓励人们更勤奋地工作，将更多的时间用于工作，而用更少的时间去享受闲暇。里根政府减税方案的重点就是削减个人所得税，在他的任期内曾分三个阶段大幅度地削减个人所得税。1981 年削减 5%，1982 年削减 10%，1983 年再次削减 10%。1987 年，美国开始实施号称“第二次美国革命”的《1986 年税制改革法案》，其特点就是大幅度降低税率，个人最高税率从过去的 50% 减低到 28%，档次由 14 级（从 11% 到 50% 不等）简化为 2 级（即 28% 和 15%）。为了减少避税行为的发生，美国政府也同时减少和取消了许多减税优惠。

4．研究与开发费用可用于扣税和税收抵免。

由于总供给也取决于技术水平，因此，为了刺激技术进步，供给学派主张对研究与开发的费用进行税收扣除或抵免税赋。1981 年美国法律规定，公司用于研究开发的费用可从应纳税额中扣除。这项规定激发了私人领域进行技术创新的热情。①

供给政策的实行使美国经济从“滞胀”的困境中摆脱出来了。整个 20 世纪 80 年代，美国的 GDP 增长率比西欧主要国家高 0.5%—1%，失业率低 2%—4%。供给学派的政策效果还是比较显著的。但是，税收减少的同时，美国政府支出并未减少，甚至还有增加，这在本质上仍然属于扩张性财政政策。所以，美国的财政赤字仍然居高不下，其财政赤字占 GDP 的比重在 1985 年高达 5.34%。在里根政府第一任期内，联邦预算赤字的总和甚至大大超过了二战后美国政府的净赤字之和。②

供给学派强调减税的观点也招致了理论界的一些批评。一些经济学家认为，减税效应是不确定的，而且发生作用的时滞太长。例如，减税后增加了人们的可支配收入，当收入效应大于替代效应时，人们会选择更多的闲暇，而不是更多的工作。另外，减税政策也扩大了收入分配中的不平等。由于供给学派主张降低累进税率，这样富人从减税中获得的好处就比穷人多。另外，高收入者多数是企业主，他们从降低资本收益税中获得了更大的好处。因此，里根的减税计划被认为具有“劫贫济富”的性质。而减少社会福利支出和改变相关的规章制度则会影响公众福利。以放宽环境保

---

① 晏智杰：《西方市场经济下的政府干预》，中国计划出版社，1997 年，第 179 页。
② 商庆军：“美国‘新经济’述评”，《南开经济研究》，2000 年第 1 期。

护、商品检验等条例来刺激企业发展,无疑是牺牲公众利益来增加企业利润。

另外,长期存在并不断增长的财政赤字对美国经济造成了不良影响。萨缪尔森曾利用经验数据,分析20世纪80年代美国的财政赤字,结论是赤字的确抑制了投资。表现在:20世纪80年代和90年代初期,居民户和企业的实际储蓄相对于GDP的比重有所下降;同期,住房和企业厂房、设备的私人国内投资占GDP的比重下降;外国净投资减少。①

应该说,供给学派的减税政策实际上是兼有长期和短期效应的扩张性财政政策。在短期里,减税实际上是对需求产生扩张性影响的(尽管这种影响的大小不如直接的扩大政府支出),而在长期内才会通过投资扩大后的生产能力得到供给的增加。所以,供给学派的减税政策再加上当时居高不下的政府财政赤字(尽管不是直接的政府投资)实际上已经是扩张性财政政策,而不能简单地将减税的政策单纯看做供给方面的政策。

1.2 英国实行扩张性财政政策的实践

英国是保守党和工党轮流执政的国家,由于两党在历史上各自面临的经济形势和奉行的经济理论不同,两党制定的政策目标和运用的政策工具也都不相同。二战后到20世纪70年代末以前,英国宏观经济政策的主要目标是减少失业和促进经济增长。政策实践侧重于以凯恩斯主义为基础的需求管理,强调运用财政政策手段刺激投资和消费等有效需求。20世纪70年代末以后,英国宏观经济政策的主要目标转向治理通货膨胀。政策实践侧重于以货币主义为基础的货币供应调节,强调运用货币政策手段严格控制货币供应,遏制通货膨胀,最终达到增加就业和刺激经济增长的目的。

1.2.1 20世纪70年代末以前英国的财政政策

二战以后的相当长一段时间里,英国历届政府都奉行凯恩斯主义经济政策。在他们看来,要缓解经济危机、实现充分就业并刺激经济增长,就必

① 〔美〕保罗·萨缪尔森、威廉·诺德豪斯著:《宏观经济学》,萧琛等译,华夏出版社,1999年,第276页。

须运用国家的力量干预经济生活,以扩大有效需求,甚至可以经常性地实行赤字财政政策。在这种思想的指导下,战后英国政府的财政支出有大幅度的增长。

英国政府的财政支出是通过政府支出和公共支出两个主要指标来加以衡量的。政府支出是中央政府和地方政府的实际现金支出。它不是中央和地方政府支出的简单相加,因为中央政府给地方政府的补贴构成地方政府支出的重要来源。为避免重复计算,要从地方政府支出中扣除来自中央政府的补贴。

战后英国的政府支出有两大特点:一是政府支出的增长快于国民生产总值的增长。例如,1950—1980 年,英国政府支出的年均增长率为 3.5%,而同一时期国民生产总值的年均增长率仅为 2.3%。二是政府支出占国民生产总值的比重不断上升。1950 年,英国政府支出占国民生产总值的比重为 39.5%。而 1980 年,这一比重上升为 54.3%。[①]

公共支出不同于政府支出的地方在于,前者不包括政府所属企业的经营支出、政府为国有化工业公司所提供的资本投资、应息储金和债息支付等。在政府支出中,公共支出部分占 90% 以上。二战以后,英国的公共支出与政府支出呈同步增长之势。1959—1969 年,公共支出和政府支出占国内生产总值的比重分别为 33.6% 和 43.5%。1970—1979 年,这一比重分别提高到 46.45% 和 50.4%。

税收政策是财政政策的一个重要内容。从历史上看,英国政府的税收政策变更频繁。随着经济形势的变化,国家为调节投资和消费等有效需求、缓解经济周期,不断频繁地变更税收政策,例如,增加或减少税收总额、调整税目、改变税率、降低或提高免税额和起征点。因为个人所得税是税收中最重要的税种,所以税收政策的变更在个人所得税方面表现得尤为突出。总的说来,二战以后相当长的一段时期,为了适应政府财政支出的迅速增长,各种税收的增加也相当迅速,仅所得税、国民保险税和消费税三项在国民生产总值中的比重,1959 年为 27%,1978 年就提高到 39%。

由于长期推行凯恩斯主义的赤字财政政策,战后英国的财政赤字不断扩大。1951—1960 年,财政赤字平均每年为 1.54 亿英镑。1961—1970 年,财政赤字平均每年为 8.75 亿英镑。而 1971—1981 年,财政赤字平均每年为 45.73 亿英镑。在 1946—1981 年的 36 年中,就有 28 年有财政赤字。为

① 李圣君:《财政货币政策与现代市场经济》,东北财经大学出版社,2002 年,第 86 页。

了弥补财政赤字、清偿国家债务，必须从国内外筹措资金来弥补财政收支的差额。在英国的官方统计中，公营部门借贷需求是反映国家弥补财政收支差额的重要指标。

1963年，英国政府提出“公营部门借贷需求量”(PSBR)概念，并开始这方面的统计。其基本思想是，财政赤字要靠借款来弥补，为此，政府必须向公众或中央银行举债。一般说来，PSBR增加即公营部门支出大于收入，相当于公营部门在中央银行的存款实际上可能转变成私人的银行存款。而私人银行存款的增加意味着货币供应量M_3的增加(M_3等于现金加储蓄)。如果公债发行量为零，则M_3增加的量就等于PSBR增加的量。事实上，因为公债的发行是有限度的，所以当PSBR增加时，M_3几乎总是要增加。

把增加货币供应量作为弥补财政赤字的手段，其结果是：货币政策成为财政政策的附属物。事实上，从二战后初期到20世纪70年代末，货币政策相对于财政政策来说，一直处于比较次要的地位。而货币政策的重点在于调节金融机构的信贷和操纵短期利率。至于货币供应量，则被看做是货币政策的中介目标。在20世纪70年代以前，英国对货币供应量的增长并没有规定过具体的目标，只认为货币供应量必须适应经济的实际增长加上“可以接受的”通货膨胀率。

英国实行的扩张性财政政策收到了一定的效果，但也带来了一些问题。如果说，在20世纪50年代和60年代，英国经济增长尚较快(国内生产总值年均增长率分别为3.5%和3.2%)，失业低于50万人，通货膨胀还不严重(年均率分别为3.9%和3.5%)，凯恩斯主义政策对经济的刺激作用较为明显的话，那么，在70年代，国内生产总值年均增长率降为2.2%，失业增加到100万人以上，通货膨胀率猛增到12.5%，凯恩斯主义政策的恶果越来越明显地暴露出来。特别是1973—1975年发生战后最严重的经济危机后，英国的经济陷入了“滞胀”困境。

总之，英国在二战后初期所实行的扩张性财政政策，在得到一些效果的同时，也存在着一些负面的影响。这主要表现在：

首先是，为筹措政府的经费而扩大了税收，造成政府支出在一定程度上对社会其他支出的“挤出效应”。也就是说，一部分社会投资和消费被政府采购和政府公共投资所代替，大大降低了扩张性财政政策的效果。

其次是，在正常情况下增加的政府债务实际上也会减少社会应有的一部分投资和消费，使得扩张性财政政策的效果降低。这与经济协调时的同样做法效果不同。

再次是，增发货币来弥补财政赤字的做法，导致了通货膨胀的发生与恶化。在这个问题上，英国与美国的不同在于：美元在二战后具有世界普遍接受为计价和结算的硬通货的地位，因而，美元的增发会通过对外贸易、投资、贷款和援助等手段分散到世界各国，在短期内不会立即引起国内的通货膨胀。（当然，在长期，当世界各国持有的美元达到一定数量，且美国经济下跌、人们对美元丧失信心时，就会发生世界性的兑换危机和通货膨胀。这就像20世纪70年代出现的情况那样。）但是，英镑已经不具有美元那样的地位，且英国经济规模有限，国家狭小，持续增发货币必然较快地引起通货膨胀。这就提醒人们：小国是不完全具备那种美国在二战后实行扩张性财政政策的条件的，因而，不能照搬美国的经验。

1.2.2 20世纪70年代末以后英国的财政政策

1979年5月，玛格丽特·撒切尔的保守党政府上台执政。当时英国的经济形势是：经济衰退，失业增加，通货膨胀。面对这种情况，撒切尔政府公然摒弃了过去历届政府所奉行的凯恩斯主义，转而推行新自由主义经济政策，主要是货币主义和供给学派的政策。

撒切尔政府经济政策的基本思想是：减少国家对经济生活的干预，更多地发挥市场机制的作用。保守党政府为摆脱经济“滞胀”而提出的中期战略是：把抑制通货膨胀放在首位，逐步限制货币供应量的增长，逐步减少政府支出，逐步压缩公营部门（包括中央政府、地方政府和公营公司）的借贷需求，以求得经济的稳定增长。

为了贯彻上述战略，撒切尔的保守党政府在财政支出政策上，主要采取了削减社会福利、压缩公共开支、减少财政赤字等手段，来减少公营部门的借贷需求，降低其占国内生产总值的比重。

在税收政策上，保守党政府主要是通过减税来刺激个人和企业的积极性，并以此作为对付经济衰退、复兴经济的整体战略的重要一环。撒切尔政府制定其第一个年度财政预算时就把个人所得税的基础税率从33%降到了30%，在1985—1986财政年度和1986—1987财政年度的预算中又将这一比率先后降到了29%和27%。

撒切尔政府还把个人收入税改为消费税，即纳税人不是按收入多少来缴税，而是按支出多少来缴税，从而使税收和收入脱钩。为鼓励私人投资，政府还大大提高了投资收入附加税的免税额。投资收入附加税的免税额从1979年财政年度的1 700英镑，提高到了1982年财政年度的6 250英镑。[①] 这一系列财政政策的实施，一方面提高了个人的收入水平，刺激了消费；另一方面又发挥了中小企业的积极性，刺激了投资和生产。这些政策实际上对于供给和需求两方面都发挥了一定的调节作用。

国内需求的增长，成为20世纪80年代中期英国经济增长的有力推动因素。由于经济快速增长，减税不但没有减少政府的收入，相反还增加了税收总额。较高的经济增长和消费增加了税收，加上政府支出的减少和国有企业私有化，使英国财政出现了盈余。国库充实又促进了经济增长，对英国经济的振兴产生了一定的积极作用。

总的来看，撒切尔政府执政期间，英国经济形势出现好转，逐步摆脱了"滞胀"困境，实现了低通货膨胀下的较快增长。1980年撒切尔夫人刚刚上台时，英国的消费物价上涨率为20%，1987年降为4.1%，1988年仅略有上升。与此同时，英国经济一直保持持续增长势头，年均增长率为2.7%，不仅超过了美国、前联邦德国和法国等主要资本主义国家，而且也超过了经济合作与发展组织（OECD）成员国2.6%的平均增长率。1988年英国的经济增长率一度达到4.5%，增幅甚至超过日本，居各主要资本主义国家之首。失业人数和失业率趋于下降，从1986年下半年到1989年初，失业人数从340万下降到194.6万，失业率也下降到6.8%，是1981年2月以来的最低水平。英国的财政收支状况也明显改善，持续18年的财政赤字从1987年起开始转为盈余。

撒切尔政府经济政策的成功之处，主要在于，它针对了此前凯恩斯主义扩张性财政政策所带来的弊病。应该说，凯恩斯主义的扩张性财政政策在英国这样的国家发生经济萧条的特定情况下，暂时有其一定合理性与效果。但是，长期实行显然是存在问题的。因为，凯恩斯主义的扩张性财政政策有着明确的针对性和运用条件。忽略了这一点，直接将其套用到各种条件和环境下，发生问题就不足为怪了。英国这些经验和教训值得其他国家参考和注意。

---

① 刘溶沧：《中国财政政策货币政策理论与实践》，中国金融出版社，2001年，第393页。

1.3 法国实行扩张性财政政策的实践

二战前,法国政府对经济的干预只是局部的和暂时的。二战后,法国政府在凯恩斯主义经济理论的影响下,对国民经济进行了广泛和深入的干预与调节。其财政政策实践,则是根据不同时期的经济情况,采取不同的措施,改变国家预算支出和税收,以调节社会总需求,达到"稳定中增长"的宏观经济政策目标。

1.3.1 法国政府财政支出增加导致财政赤字扩大

在预算政策方面,法国战后的财政预算经常出现赤字,很少有盈余。在1947—1985年的39年中,就有35年出现赤字,累计赤字总额达8 914亿法郎。只是,在不同的时期,预算赤字的情况有所不同而已。

从二战结束到20世纪50年代末,由于经济的恢复和重建,特别是实行国民经济"计划化",法国政府支出增加很快,财政赤字也较大,赤字占国内生产总值的比重通常在2.5%以上。从20世纪50年代末到70年代初,平衡预算政策在法国政府的政策中占据主导地位,因而这一时期预算赤字不大,其中有4年是盈余,经济增长也较快。

20世纪70年代中期以后,为了对付严重的经济危机,法国政府支出增加较快,财政赤字开始上升,赤字占国内生产总值的比重也逐年上升,1983年后按年平均超过3%。这表明,1983年以后法国政府所制定的紧缩性财政政策目标(把赤字占国内生产总值的比重控制在3%以内)没有实现。因此,1986年希拉克出任总理并组成右翼联合政府后,在美英等国普遍盛行新自由主义经济政策倾向的国际背景下,实行了更严厉的紧缩性财政政策:一方面大力推行私有化,另一方面大幅削减公共开支,减少预算赤字,以达到既刺激经济增长又抑制通货膨胀的双重目的。

1.3.2 法国税收政策的调节实践

在税收政策方面,法国在二战后的不同时期交替采用了增税或减税的措施,借以调节社会总需求。例如,20世纪50年代末,为了抑制经济中的过度需求,对付通货膨胀,戴高乐政府曾经对企业和高收入者实行增税,对烟草、酒、酒精等征收附加税,并把电力、煤气和运输的税率提高了15%,

煤炭税率提高了10%,邮费则提高了16%。但在20世纪60年代中期以后,又采取了减税的措施,实行减税和税收优惠,允许企业加速折旧,以鼓励企业投资,刺激经济增长。①

1.3.3 税收政策和支出政策的搭配使用

法国政府还常常把预算支出政策和税收政策配合使用,以实现财政政策的松紧搭配。例如,1981年社会党上台组成左翼联合政府后,在财政政策上,一方面,采取扩张性的财政政策,包括扩大政府支出,增加150亿法郎的公共开支,用于民用事业和住房投资,增加各种社会补助,包括将养老金和成年残疾人的补贴分别提高20%,家庭补贴提高25%,住房补贴提高50%,同时实行部分减税。如对年收入在2万法郎以下的家庭免征所得税,对企业再投资资金免税等。

另一方面,又实行某些紧缩性的财政政策,如对高收入者增税,规定收入在32万法郎以上的税率由55%提高到65%,收入在37万法郎以上的税率提高到70%,拥有300万法郎以上的财产要征收大宗财产税等。法国政府将这些政策措施搭配使用,是为了实现增加就业、刺激经济增长和抑制通货膨胀的多重目的。

法国经济政策的实践表明,二战后,法国政府为推动经济增长也曾经实行扩张性财政政策,但不是单一的长期扩张性财政政策,而是根据经济情况将扩张性财政政策和紧缩性财政政策相结合,交替使用。法国的实践表明,它们对扩张性财政政策的运用具有较大的灵活性,而不是过分单一或僵硬地运用。这种经验是值得其他国家参考的。

1.4 新加坡实行扩张性财政政策的实践

在新加坡经济成长与发展的30年(1959—1989年)中,曾经遭遇石油危机及1985—1986年的经济衰退。新加坡政府是如何应对并走出危机的呢?概括地说,主要是充分发挥政府的组织、管理和政策灵活应变的作用。

---

① 刘溶沧:《中国财政政策货币政策理论与实践》,中国金融出版社,2001年,第399页。

1.4.1 大量发行公债,为基础设施建设提供长期的廉价资金

两次石油危机期间,新加坡政府为了防止经济衰退,在提高企业雇主和个人缴纳公积金比率的同时,将提高后的公积金资金用于购买政府公债。然后把这些资金以较低的利率贷给基础设施产业,促进其发展,全面保持和推动经济增长。

1967—1972 年,新加坡公积金中用于购买公债最多为 2 亿新元左右,而 1973 年则增加到 4.8 亿新元。1974 年也达到 4 亿新元,提高 1 倍多,当年新增加的公积金基本被用于购买国债。①

1979—1980 年石油危机时期,政府同样大幅度增加国债。危机以前,最高年份的国债没有超过 9.4 亿新元,而 1979 年则增加到 16.9 亿新元,1980 年增加到 21.6 亿新元。这些国债被用来支持基础产业部门的发展,贷款利率很低。

从 20 世纪 60 年代到 80 年代早期,新加坡基础设施建设部门的贷款利率长期处在 3%—4% 的水平。新加坡港务局的贷款利率为 3.625%,建屋局用于住宅建设而非营利性开发的贷款利率只有 3%,新加坡电信局的受贷利率为 6%。而同期个人公积金存款利率高于贷款利率,在 5.75%—6% 之间。银行平均年贷款利率在 10%(1973—1974 年)和 12.3%(1979—1980 年)之间。

当然,面对石油危机,新加坡另外一个重要任务是防止物价上涨,为此,新政府采取了本币升值的做法,并在危机时期提高利率,危机以后降低利率。

1.4.2 采取逆周期调节,增加投资、提高积累率

在石油危机期间,为防止经济衰退,新加坡政府采取了逆周期调节的政策,并增大调节幅度,吸引投资。新加坡进入 20 世纪 70 年代后就进入资本的高积累阶段,1973 年积累率高达 40%(12.7 个百分点是外来资金),1974 年提到 45.86%(20.42 个百分点是外来资金)。1979 年积累为 41.95%(外来资金 7.85 个百分点),1980 年又大幅度提到 47.32%(外来资金 14.42 个百分点)。

---

① 国家计委对外经济研究所课题组:"美国等国家的财政政策及启示",见郭庆旺:《促进经济稳定增长的财政政策研究文集》,经济科学出版社,2000 年。

1.4.3 充分发挥公积金制度的作用,降低雇主缴纳比率,降低企业成本

新加坡1985年经济衰退的一个重要原因在于,政府长期实行高积累以及过快提高公积金比率。也许是两次石油危机以及高积累形成的意识,使得新加坡政府认为不断提高公积金缴纳比率、抑制个人消费、增加投资,对于经济发展和个人福利增加有好处。因此第二次石油危机后,新加坡政府每年提高个人公积金缴纳比例。1981年提高4个百分点,1982年提高2.5个百分点,1984年比1983年又提高4个百分点。

这样,公积金的比率从1979年的37%提高到1985年的50%,大大增加了生产成本,降低了企业的竞争力,使企业利润减少,导致经济衰退。因此,解决这次危机的重要措施之一,就是降低雇主缴纳公积金比率。1985年,新加坡政府宣布,自1986年4月1日起的两年内,将雇主的缴纳比率从原来的25%降为10%。

降低公积金比率对企业有利,但却抑制了个人住房消费和贷款。为了弥补这个损失,继续支持住宅产业的发展,政府采取四项措施来保持公积金账户对经济发展的支持:终止特殊账户;保健储蓄账户资金超过15 000新元,可以划拨到普通账户来购买住房或偿还贷款;延长住房贷款期限;政府组织提供低息贷款计划,给私房购买提供支持。另外,鼓励个人用部分公积金进行投资,包括购买不动产,而在这以前是不允许的。

1.4.4 发挥工会作用,使得全民都来支持经济恢复

面对1985年的经济衰退,新加坡工会很快就放弃了工资委员会推荐的工资增长计划,1986年接受雇主削减15个百分点的上缴公积金比率。同时,引进灵活的工资制度,作为公司面对经济波动的调节器。这些措施最终使工资占名义GDP的份额从1985年的48%,下降到1986年的44.2%,1987年为42%,1988年为41.5%,和80年代早期40%—42.8%的水平接近。这使经济很快得到恢复,雇员工资也很快提高。

总的来说,新加坡克服三次经济危机和衰退的政策是成功的。这些成功是与特定的历史背景和国际经济环境相联系的。当时,新加坡政府对经济危机、衰退的原因认识比较清晰,两次石油危机导致资源价格上升,从而引发萧条,而新加坡并非资源消耗大国,主要是贸易及电子等非能源消耗产业。因此,通过增加投资和内需就可克服经济危机。另外,1985年新加坡经济衰退之时,国际上正是国际贸易、金融、经济增长繁荣兴旺之时,外

部环境对新加坡有利。因此,新加坡的经济衰退很快就得以消除。

从新加坡的实践也可以看出,实行扩张性财政政策的效果究竟如何,取决于运用该政策时的具体条件与环境的状况。不顾具体条件和环境及其变化,僵化地运用扩张性财政政策,就会出现问题,而相反则会取得较好的效果。

1.5 拉美国家实行扩张性财政政策的实践

1.5.1 拉美国家实施扩张性财政政策的背景

1950—1980 年是拉丁美洲国家工业化进程最快的 30 年。经过 30 年的发展,拉丁美洲地区的经济结构发生了较大的变化。30 年间工业产值增加 5.2 倍,工业产值占 GDP 的比重由 29.8% 上升到 35.6% ,而同期农业产值只增加了 1.8 倍,农业产值占 GDP 的比重由 20.8% 下降到 11.1% 。

在这 30 年的工业化进程中,该地区各国政府积极推行了进口替代战略和“赤字财政”的扩张性财政政策。拉美国家选择扩张性的财政政策(“赤字财政”)战略的主要原因出于以下几点:

一是国际资本市场上资金供过于求。这为拉美国家实行“赤字财政”的扩张性财政政策提供了融资的便利。1973 年“布雷顿森林”国际货币体系崩溃后,西方发达国家为了防止竞争地位恶化,普遍采用了浮动汇率制。同时,由于国际市场原材料价格上涨,特别是原油价格暴涨,西方发达国家普遍出现了高通货膨胀。1974 年和 1975 年,OECD 成员国平均消费物价指数分别上涨 13.4% 和 11.3% ,其中美国 1974 年和 1975 年的通货膨胀率也分别达到 13.2% 和 11.2% 。对此西方国家普遍采取了控制内需的宏观经济政策,结果这些国家对国际资本市场上的资金需求减少。而与此同时,世界石油输出国的巨额贸易顺差回流国际资本市场,扩大了国际商业银行的资金供应。国际资本市场上,资金明显供给过剩。这就为拉美各国的财政融资提供了便利。

二是拉丁美洲国家工业化加速,需要大量资金,从而为大量举借外债提供了需求。20 世纪 70 年代初,拉丁美洲大部分国家的工业化程度都得到了比较快的提高。国际资本市场特别看好这些半工业化国家,尤其是国际私人银行的资本。拉丁美洲国家的领导人也过于乐观地估计了形势,纷纷大量对外举债,推动经济发展,这就为大规模举借外债提供了需求。在1974—1981年拉美地区对外举债的高峰期,外资流入量大幅上升。例如,1974年的外资流入量比1973年增加50%。1975年的外资流入量(160亿美元)已相当于1973年的2倍,1978年已相当于1973年的3倍。1981年达到创纪录的483亿美元,相当于1973年的6倍。

三是国际放款机构的干预,使一些国家放松对外举债的限制。拉美主要石油出口国委内瑞拉占本地区石油出口量的50%以上,虽然作为石油输出国组织成员而受到限产约束,但其石油出口收入从1972年的31亿美元增至1981年的193亿美元。但墨西哥、厄瓜多尔等国则不受限产约束,其中墨西哥石油产量由1973年占拉美总产量9%增至1982年的44%。这些国家石油收入大量增加,外债也迅速增长。原因就是国际放款机构"向这些国家施加强大压力,要求它们放松信贷限制多借贷款"。[①]

四是一些拉美国家经济上对单一能源结构的依赖,导致经济结构的畸形化,从而造成对外贸易的结构不对称。大多数拉美国家是石油进口国,在长期得到廉价石油供应的环境下,形成了严重依赖石油的能源结构。这些国家的石油及其副产品进口从1973年的10亿美元增至1981年的150亿美元。面对严重的外贸失衡,这些国家并没有调整经济增长速度和结构,而是转向负债发展。

1.5.2 拉美国家实行"赤字财政"政策的积极效果

拉美国家实施"赤字财政"的扩张性财政政策的积极成效主要体现在以下几方面:

大量外资的流入,使拉丁美洲国家成功地避开了1974—1975年的世界经济衰退,使该地区在1974年之后仍保持了较高的经济增长率(见表1-1)。尽管这个地区在1974—1980年的增长速度比1956—1973年间要低,但比同期的工业化国家却要高得多。

经济发展水平提高,人均GDP上升。1980年,拉美地区国内生产总值约为1950年的5倍。据美洲开发银行提供的25个拉美国家的统计,1980年拉美人均国内生产总值为2 288美元。

① 联合国拉美经济委员会:"跨入80年代的拉丁美洲",1979年,第28页。

表 1-1　拉丁美洲各国国内生产总值增长率,1950—1980 年

国家	1950—1965	1965—1974	1974—1980
阿根廷	3.1	4.4	1.8
玻利维亚	1.5	5.6	4.2
巴西	6.4	10.0	6.1
智利	4.0	3.1	5.6
哥伦比亚	4.7	6.4	4.5
哥斯达黎加	5.8	6.9	5.4
厄瓜多尔	4.9	8.7	6.7
萨尔瓦多	5.4	4.5	2.4
危地马拉	4.4	6.1	5.4
海地	-2.6	3.5	4.2
洪都拉斯	3.7	4.5	6.4
墨西哥	5.9	6.6	6.3
尼加拉瓜	6.0	4.2	-3.1
巴拿马	6.6	7.4	5.0
巴拉圭	3.2	5.3	10.2
秘鲁	5.4	3.9	1.9
多米尼加共和国	5.0	8.3	4.6
乌拉圭	2.1	1.5	4.9
委内瑞拉	5.9	3.2	2.9
拉丁美洲	5.2	6.7	5.1

资料来源:拉美经济委员会根据各国官方资料统计。

经济的发展带动了社会的其他方面取得巨大进步。截止到 1980 年,拉丁美洲人口数为 3.59 亿,其中城市人口占 65.5%,城市化的速度加快。同时,拉美国家的国民教育普遍有了很大的发展,拉美小学注册率达到 82.3%,其中部分国家已达到或接近 100%。中学教育发展速度实际上比小学更快。其中拉美所有大、中国家的发展速度尤为明显。大学(18—23 岁)注册变化更加引人注目,大学适龄青年入学率超过 10% 的国家已有 20 个,其中 11 个国家达到 20%—45%。15 岁以上人口文盲比例降为 23%。①

但是,这一政策在长期内连续实行的结果,并不全是积极的,其负面效应也是显而易见的。

---

① 联合国拉美经济委员会:"公正与生产改造:一种综合的观点",1992 年,第 29 页。

1.5.3 拉美国家的债务危机导致预算危机

1982 年 8 月,墨西哥因无力偿还到期外债本息,诱发了一场席卷整个拉丁美洲的严重债务危机。这场债务危机的爆发,标志着拉美经济在二战后漫长增长期的结束,并引起持续的衰退,以致从经济增长的角度看,整个 20 世纪 80 年代成了拉美地区“失去的十年”。债务危机导致了两方面的后果:一方面,财政赤字由国外融资向国内融资转移,结果引发了恶性通货膨胀。另一方面,又造成了大规模的资本外逃。

1973 年之后,由于国际私人银行的资金以贷款的形式源源不断流向拉美国家。拉美地区外债余额由 1975 年的 784 亿美元,猛增至 1982 年的 3 083 亿美元。国外贷款的可获得性,使拉美国家的一些政府能够急剧扩张政府支出,而无需增加税收,或承受扩张通货融资的成本。当然,大量的外国借款只能维持有限的一段时间。外债还本付息的数额越来越大,只能靠每年借入新债来解决,这等于流入的实际外资量逐年减少,由此形成了经济上一种外部的脆弱性。

20 世纪 80 年代初,当外国资本突然停止流入时,债务国政府便无力马上削减开支或提高税收,以弥补财政差额。这就导致了赤字由国外融资向国内融资转移。结果在 20 世纪 80 年代,许多拉美国家的政府不得不依靠通货膨胀税(铸币税)来支付借款。拉美国家也因此经历了历史上最严重的通货膨胀。

例如,1982 年玻利维亚对通货膨胀税的依赖日益增长,造成了 1984—1985 年的恶性通货膨胀。① 其他一些国家的政府坚持通过国内资本市场获得国内储蓄资金,才把通胀性税收推迟了一段时间。但即使在那些国家,国内资本市场上可借的资金数量也是有限的,大多数国家最终不得不增加通货扩张来融资。

财政赤字和汇率高估的一个负面效应是大规模的资本外逃。当国内居民为了将财富转移到国外而把国内财富转换为外汇时,就发生了资本外逃。在实施固定汇率制和开放资本市场的国家中,这可以通过合法手段实现,只要将本国货币转换为外汇即可。在实施资本管制的国家中,这一过程就得通过非法手段实现。20 世纪 70 年代和 80 年代早期,随着拉美国家

---

① 〔美〕杰弗里 · 萨克斯、费利普 · 拉雷恩:《全球视角的宏观经济学》,费方域译,上海三联书店,上海人民出版社,1997 年,第 1016 页。

对外国银行负债增加,这些国家的居民大量增加对国外资产的持有,发生了大规模的资本外逃。

资本外逃和财政赤字联系很直接。固定汇率制下,政府通过向中央银行借债为赤字融资,会导致居民手中通货持有量的过度增加。居民按官方汇率将这些货币转换成外汇。中央银行的外汇储备减少,公众持有的外汇增加。公众将外汇存在境外,就产生了资本外逃。

资本外逃会因为对未来通货贬值的预期而加剧。在 20 世纪 70 年代后期,人们日益清楚地看到拉美国家的币值高估。为了避免即将到来的贬值的影响,私人部门开始将资产向国外转移。

1.5.4 拉美国家债务危机的成因

上述拉美国家债务危机的形成和发展,其成因主要在以下几个方面:

其一是,大量举借外债为政府扩张性财政政策下的大量政府支出融资,使得财政风险变大。

国外大量低息贷款的流入,使拉美国家对经济形势作出了不正确的判断。这些国家纷纷采取扩大公共开支(包括日常开支和公共投资)的扩张性财政政策,尤其是墨西哥等石油输出国更是如此。

实际上,在负债严重的国家,如阿根廷、巴西、墨西哥,公共部门赤字是债务问题的核心。在 1973 年石油危机之后,巴西致力于实施以公共投资和能源替代为基础的发展战略,这些投资项目需要从国外获得巨额资金。墨西哥的财政扩张部分地可以用对石油行业的巨额投资来解释,这一政策基于对石油价格前景的过于乐观的估计。该国政府忽视了 20 世纪 80 年代早期世界石油市场可能发生衰退的初步迹象,结果,公共投资持续保持了扩张的势头。1982 年墨西哥政府的财政赤字达到了一个新纪录:占到了 GDP 的 13%。

阿根廷也同样存在巨大的财政赤字。在这个国家,赤字是由另外几个原因引起的。这主要是:20 世纪 70 年代的政治动荡,70 年代末 80 年代初马岛战争导致的巨大国防开支,无效率的国营企业,地方政府的长期赤字,以及税收征缴的无力。巨额的外国借款可使政府在短时期内避免以通货膨胀方式进行融资。但是最终由于国际贷款紧张,阿根廷还是陷入了恶性通货膨胀之中。

拉美政府举借外债来扩大公共开支的做法,尽管刺激了国内总需求的上升,但却带来了两种不良后果:一是加剧了国内通货膨胀;二是引起进口急剧扩张,贸易赤字连年加大,不得不靠外债来填补,结果对外债的依赖性越来越大。同时,由于在流入拉美地区的资金中,私人银行占的比例急剧上升。这就加剧了资金输入的不稳定性。在流入拉美地区的外资中,私人银行资本由1966—1970年间占12%,增加到20世纪70年代末期的70%。1982年底,拉美地区的外债余额超过3 000亿美元,其中80%属欠私人银行债务。①

1981年,国际石油价格下跌,国际上私人银行的态度立即发生变化。拉美各国居民也看到形势不妙,纷纷将资本向国外转移,结果引起国际储备迅速下降。面对这种情况,拉美国家不得不大幅度降低汇率,开始和债权银行谈判,延期偿还负债本息,并实施严厉的经济调整方案。最终导致通货恶性膨胀,投资萎缩,生产下降,失业剧增。

其二是,收入分配差距过大影响了政府的课税能力。在拉美国家中,经济政策上存在"民粹主义政策"的倾向,即政府为了获得公众支持而实施了庞大的财政支出计划,即使这些项目的成本超出政府的偿还能力也在所不惜。

"民粹主义政策"形成的一个原因是拉美国家收入的巨大差距。富人们掌握了国民收入的很大份额。经济实力转化为政治力量,使他们被免于课征重税。而低收入阶层虽然在国民收入中仅占较小份额,但是他们在人口中的巨大比重,转化为对公共支出的巨大需求。两者结合产生了对财政支出的巨大需求,而政府却无力增加税收。

其三是,相关政策的失误。首先是汇率和贸易政策的失误。这些国家为了反通货膨胀,广泛使用了两种政策:一是敞开从国外进口各种商品,以抑制国内物价上涨;二是保持汇率高估状态,即所谓汇率滞后政策,其目的是通过汇率稳定对通货膨胀的预期,从而降低通货膨胀速度。然而,对汇率的高估再加上国内的高利率,使得出口生产处于非常不利的地位。与此同时,汇率高估与关税大幅降低结合在一起,使一些与进口商品相竞争的生产部门受到沉重打击。其结果是出口增长下降的同时,越来越多的以满足国内需求为主的生产企业不再具有竞争力,从而让位于进口商品。结果导致贸易赤字增加,外债不断增加,还本付息额也逐年加大。其次是,盲目推行金融自由化的政策。20世纪70年代后半期,部分拉美国家的实际利率骤然上升也是导致危机的原因之一。实际利率的这种变动是金融自由

① 张志超、李平:《政府财政政策的国际比较》,经济科学出版社,2001年,第221页。

化政策的直接结果。20 世纪 70 年代中期，随着新经济自由主义中现代货币主义思潮影响的扩大，一些拉美国家开始推行金融自由化改革。此举旨在消除信贷配置中的扭曲现象，并通过放开利率来吸引国内储蓄和扩大资本市场。结果造成国内实际利率迅速上升，且远远高出国际利率水平。过高的利率显然不利于投资，从长远看，也势必影响企业和金融系统的偿付能力。

其四是，不利的外部因素。在导致拉美国家债务危机爆发的原因中有两个外部因素不容忽视：首先是 20 世纪 80 年代中期西方发达国家经济再次陷入衰退。第一次石油危机之后的 1974 年和 1975 年，西方发达国家的经济曾一度陷入衰退，但从 1976 年起转入恢复期。1980 年，西方国家的经济再度陷入衰退，而且伴随着严重的失业现象。于是，这些国家采取了更加严厉的贸易保护主义政策，导致国际贸易的停滞和下降。国际市场上原料和初级产品价格普遍下跌。这一变化给拉美国家的出口造成了冲击。据统计，在 1977—1983 年间，拉美非石油出口国的贸易比价累计下降了 38%。其次是国际金融市场的利率大幅上升。1974 年，西方发达国家出现经济“滞胀”局面。1974 年和 1975 年，OECD 成员国的平均消费物价指数也分别上涨了 13.4% 和 11.3%，因此，西方发达国家把降低通货膨胀置于优先地位，严格控制货币供应量和公共财政赤字。从 1978 年起，在一些主要的国际金融中心，利率明显上升，实际利率达到了 20 世纪 30 年代经济大萧条以来的最高水平。国际金融市场利率的这种变动，成为引发拉美债务危机的重要因素。一方面，高利率遏制了发达国家的经济恢复，从而降低了对拉美出口商品的需求；另一方面，拉美国家举借的大量外债是按浮动利率计息的，利率大幅度提高大大增加了拉美国家的利息支付额，继而扩大了经常账户赤字，引起了资金外流。1977 年拉美地区支付外债利息将近 69 亿美元，1982 年猛增至 390 亿美元。1983 年和 1977 年相比，拉美地区外债总额增加 195%，而债务利息增加 415%。①

过高的外债比例，使拉美国家政府的抗风险能力大为下降。一旦外界发生不利的变化，政府只有求助于通货膨胀税（铸币税），甚至减少必要的公共开支，而这样将导致严重的经济后果。

① 联合国拉美经济委员会：“拉丁美洲的调整政策和外债重新谈判”，1984 年，第 8 页。

1.6 各国实施扩张性财政政策的启示

1.6.1 扩张性财政政策是政府克服经济衰退、维持经济增长的有效手段之一

从20世纪30年代经济大危机后凯恩斯主义的兴起，到80年代以后美、英、法、德等国治理经济“滞胀”所采用的扩张性财政政策，以及新兴工业化国家如新加坡的做法，都向我们展示了扩张性财政政策对于经济增长，特别是对于克服经济衰退所发挥的重要作用。

与货币政策不同的是，财政政策主要是通过调整税收或公共支出，通过扩大总需求来影响经济发展。这种影响虽然也有一定的时滞，但由于政府不必过多地担心市场风险，而且可以集中投资，便于操作，因而对需求的刺激作用比货币政策更直接，效果相对更大。这也是为什么多数西方国家在克服经济萧条时，更注重发挥扩张性财政政策的主要原因。

1.6.2 适当运用扩大公共支出的政策，可增加内需，维持经济的稳定增长

二战后，西方国家在运用扩张性财政政策时，采取了扩大政府公共支出的做法，有的还发行了一定数量的国债，对国家的基础设施、公共设施进行了大量投资，使经济较快完成了恢复和重建任务，并奠定了实现工业化的物质经济基础。但由于实行高福利、高支出政策，又导致了高额财政赤字，引发了高通胀。因而20世纪80年代以来，一些国家转向了有节制的效率型财政支出政策。

西方国家战后实行扩张性财政政策的实践对我国是具有一定借鉴意义的。从我国经济发展落后、基础设施薄弱的角度来说，可以适当多增加一些公共支出，主要用于基础设施、城市公共设施建设，修路，治理环境等投资风险小、既有经济效益又有社会效益的项目。这样，不仅可以在总需求不足情况下，对维持经济健康持续发展有所推动，而且可以在长期内改善我国经济发展的环境，消除长期以来制约我国经济增长的某些“瓶颈”，为国民经济持续、健康发展奠定坚实的基础；而且能创造更多的就业机会增加城乡居民消费，保持社会安定。

1.6.3 在拉动需求的同时,也注重供给的改善

美国政府在20世纪70年代出现经济滞胀以后,着重采取了加强供给方面,即注重提高供给者积极性的经济政策。这一政策也产生了较长期的影响,为美国在20世纪90年代经济的长期增长创造了条件。而日本在20世纪90年代以来的财政政策却没能挽救其经济的颓势,原因在于其财政政策不能解决经济体制僵化所导致的需求下降。

据我国经济学者吴敬琏分析,在东南亚金融危机爆发以后,我国政府除了采取刺激需求的积极财政政策外,实际上也实施了供给方面的政策,启动和发挥了供给者——企业的活力。从1997年开始到1998年,政府制定了全面扶持中小企业的政策。党的十五大确定了以多种实现形式的公有制经济为主体,多种所有制共同发展的方向。这种基本经济制度的规定具体表现为:国有经济有进有退;寻找和发展公有制的多种实现形式;私营、民营经济是社会主义市场经济的重要组成部分并写进宪法。十五届四中全会又进一步明确了国有企业有进有退的具体范围,强调放开和搞活中小型国企;等等,这些措施都促使国企改革、经济回升的进度迅速加快。[①] 2000年1月1日,《个人独资企业法》开始正式实施。正是由于在需求和供给两方面都采取了相应政策,才得以使经济形势出现好转。

我国经济中存在着结构性过剩,即一方面,大量性能和质量低下的产品出现过剩,另一方面,消费者对性能和质量高的产品需求又得不到充分满足。由于劣质品的收入弹性为负数,优质品的收入弹性为正数,上述结构性失衡自然会导致消费需求的降低。如果我们能改善供给,发挥生产者的积极性,优化产品性能质量结构,显然有助于释放经济中潜在的需求。

1.6.4 加大扩张性财政政策在结构调整方面的功能,增强经济发展后劲

当今,以信息技术为代表的高新技术革命正在成为引导各国经济结构调整的核心推动力。许多国家都将科技发展作为重点,投入大量资金,以抢占未来经济增长的制高点。20世纪80年代以来,美国政府强调对于作为技术创新基础的研究与开发、技术转化和教育的投资,增加对新生产能力的投资,并运用竞争机制改善国家创新机制,如里根政府规定研发费用

---

① "积极财政政策是得不出乐观的结论的——吴敬琏教授访谈录",《云南财贸学院学报》,2001年第2期。

可用于扣税、克林顿的"信息高速公路"计划等。**这些措施也基本没有越出扩张性财政政策的范围,但是和过去不同的是,他们兼具调节供给的因素,也就是说,是扩张性财政政策和结构调整性财政政策的结合**。这是积极财政政策在运用上的一种改进和调整。这些政策的实施,使美国提高了技术水平和生产力,大大拓宽了经济增长空间,取得了20世纪90年代以来在全球经济竞争中的优势。

相比之下,日本在进入发达国家行列后,忽视了经济体制和结构的调整,丧失了利用新技术创新成果推动经济增长的机遇,结果使经济陷入衰退。在20世纪90年代以来的十余年里,日本经济一直处于低迷状态。为了走出困境,日本政府已先后推出9个财政政策刺激方案,耗资9 000多亿美元。这些方案大多投向公共工程项目,资金流向集中在建筑业和其他传统产业。因此,在拉动当期经济方面发挥了一定的作用。但是,**忽视结构调整的片面的扩张性财政政策却不能对经济后劲的增强和提高综合竞争实力作出持久性贡献**。有鉴于此,日本政府也开始对其财政政策的调节方向进行适当调整,在2001年10月以后,推出了所谓"信息技术国策",准备用1 000多亿美元投资来全面发展信息技术产业,以提升产业结构,推动经济持续回升。[①] 实际上,这第10个刺激方案就是吸取了十余年来刺激经济实践的教训,注重把刺激需求增长与调整供给结构结合起来,试图既能在短期内刺激经济回升,又能提高日本经济的中长期竞争能力和增长潜力。

"九五"计划后半期,我国利用国债资金实施了一大批技术改造、高科技产业化、装备国产化项目,有力地配合了国有企业改革工作。这实际上也是扩张性财政政策在方向上兼顾结构的一种调整。这也是与国际经验相一致的。这表明,今后,我国政府应继续运用这种调整了的扩张性财政政策。在制定鼓励科技创新的相关政策、完善技术成果市场、进一步发挥民间投资作用的同时,要加强财政对高技术产业、科技、教育等方面的投入,通过财政政策的导向引导企业进行设备更新、技术改造,逐步形成一整套带动产业结构调整和不断升级的创新机制,增强经济发展后劲。这样,就可以把扩张性财政政策的短期效应与中长期效应结合起来,把增加有效需求和调整供给结构有机结合起来,为我国经济的持续增长奠定良好基础。

---

① 刘溶沧、刘晓路:"积极财政政策:形势判断与走势分析",《管理世界》,2002年第1期。

第2章

我国实行积极财政政策的实践

2.1 1998年我国实施积极财政政策的经济环境

2.1.1 1998年我国的国际经济环境

1. 1997年亚洲金融危机的巨大冲击

1997年7月2日,亚洲金融风暴首先在泰国爆发,之后迅速席卷了马来西亚、新加坡、印度尼西亚、菲律宾等东南亚国家。这些国家股市暴跌,汇率下降,生产停滞,经济出现负增长。亚洲金融风暴很快波及中国香港,恒生指数由17000点跌到8000多点。日本经济在经历了长期低迷后,受到亚洲金融危机的冲击更是雪上加霜。拉丁美洲、大洋洲、苏联和东欧国家都受到不同程度的影响。全球经济和贸易的增长明显减慢。

在此次危机中,中国经济被评价为在亚洲表现最好、受影响最小。不过,亚洲国家和地区是中国主要的贸易和投资伙伴,亚洲的经济动荡对中国也造成了前所未有的冲击。1998年以后,亚洲金融危机对中国出口的负面影响逐步显现出来。上半年的外贸出口额为869.8亿美元,同比增长7.6%,与1997年同期的26.2%和1997年全年的20.9%的增长速度相比大大降低。其中,5月份出口下降1.5%,出现了22个月以来的首次负增长。出口增幅下降主要表现在三个方面:

一是,我国一般贸易出口增速大幅度回落。1998年上半年一般贸易出口额为365.3亿美元,比1997年同期增长了4.4%,相对于1997年同期的33.1%和1997年全年的24.1%大幅回落。国有企业出口明显下降。1998年上半年,国有外贸企业出口额471.1亿美元,增长了3.1%。与1997年同期25%的增长速度相比,增势明显回落。初级产品出口出现负增长。1998年上半年,初级产品与上年同期相比,减少16.3%。

二是,1997年亚洲金融危机爆发后,许多国家和地区通货紧缩趋势加快,企业资金筹措能力下降,对外投资活动严重受挫,进口大量减少。尤其是亚洲地区重要的投资来源国日本,受亚洲金融危机影响,海外资本向国内收缩,对外直接投资出现大幅度下滑。由于亚洲地区经济形势趋于严峻,投资收益预期严重恶化,大量国际资本回流到欧美等地的资本市场,造成亚洲地区资本净流出,投资活动萎缩。

三是,1997年,亚洲国家对中国的投资占中国实际吸收外资总量的比例,由以往的80%以上降为75.6%,1998年继续下降为68.7%。[①] 1991—1997年,中国吸引FDI的年平均增长率为47.4%,而1998年的FDI增长率却仅为0.7%。

2. 美国经济衰退带来的全球经济不景气

"9·11"事件发生之前,美国经济增长已经开始出现疲态。2000年美国的经济增长就已经开始减速。据美联储当时公布的数字显示:美国工业生产持续12个月下降;商业公司中的总利润下滑20%,裁员100万人;总体失业率上升至4.9%;消费者信心指数持续走低;房屋销售和工厂订单连续三个季度大幅下挫。美国持续几年的高速增长和经济繁荣阶段基本结束,以技术创新为特征的新经济开始转入成本竞争阶段。

突如其来的"9·11"恐怖袭击事件,更加速了美国经济增长态势的转变过程,由经济增长减速迅速地转变成为经济衰退。美国的经济衰退显著地减缓了世界经济增长的速度,就连一向稳健的欧盟国家也出现了经济增长减速。在经济全球化的进程中,这些情况不可避免地对我国经济造成了不良影响。

2.1.2 1998年我国的国内经济环境

1. 国内物价持续走低,经济增长放慢

中国商品零售价格总水平自1997年10月开始出现绝对下降,截至1998年7月,持续下降了9个月。居民消费价格指数从1998年3月开始出现下降。工业品价格指数自1996年6月以来持续下降,到1998年7月,已达25个月之久。从全年价格走势看,通货紧缩趋势日渐明显。

1998年上半年,由于出口增速的逐月放慢,中国经济的增长速度受到影响。整个上半年出口增长7.6%,与1997年同期相比增幅回落18.6个

---

① 项怀诚:《中国积极的财政政策》,中国财政经济出版社,2001年,第4页。

百分点。受其影响，GDP 增长减慢 1 个百分点。财贸经济研究所的经济学家贾康认为，1997 年金融危机的影响迭加到中国经济周期低谷阶段上，两者的共同作用使经济增长明显趋缓，并出现通货紧缩迹象。①

中国 GDP 增长率从 1993 年的 13.5%，跌落到 1997 年 8.8% 的水平，平均每年下降约 1 个百分点。惯性下滑的作用，使 1998 年经济增长率没能达到全年 8% 的目标（见图 2-1）。

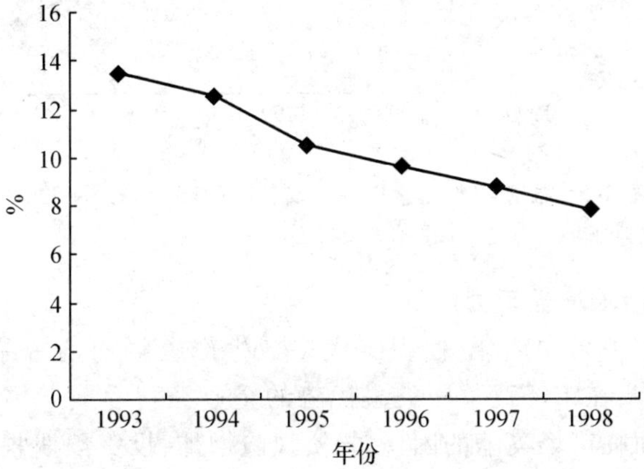

图 2-1　GDP 增长率（%），1993—1998 年

资料来源：《中国统计年鉴 2003》，第 57 页。

2. 消费需求增长趋缓

20 世纪 90 年代中期，我国的医疗、住房、教育、社会保障等各项改革逐步推开，改革力度不断加大，居民预期支出增加。再加上失业率高、就业前景不乐观以及实际利率过高等因素，居民边际储蓄倾向上升，边际消费倾向下降。此外，市场发育不健全，消费信贷服务体系不完备，限制了居民对住房、汽车等耐用消费品的消费。而农村基础设施落后，农民收入增长缓慢，则制约了农村消费品市场及农业生产资料市场的发展。

社会消费零售总额增长率持续下降，由 1994 年的 30.51% 逐渐下降至 1997 年的 10.19%（见图 2-2）。社会消费需求严重不足，商品销售不畅，企业开工率只有 60% 左右，产品积压累计价值达 3 万亿元以上。

① 贾康："我国财政政策的简要回顾与效应评析"，《财政与税务》，2003 年第 4 期。

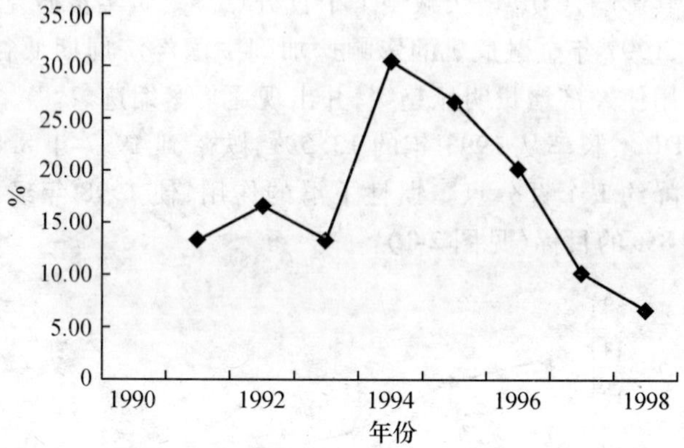

图 2-2 社会消费品零售总额增长率(%),1991—1998 年

资料来源:《中国统计年鉴 2002》。

3. 投资需求增长乏力

市场供求关系的变化,使得绝大多数生产资料和消费品价格持续下降。受此影响,在市场竞争中失去优势的企业经营亏损严重,处于竞争优势的企业也面临市场萎缩的困境,投资风险增加,投资预期收益下降,投资扩张能力削弱。

尽管金融机构采取了降低存款利率、准备金率,增加货币投放量等措施,但国有企业改革处于关键时期,企业资产负债率和利润率都没有得到根本性好转,投资能力有限。企业利润率低下和银行风险防范意识增强,导致银行的储蓄投资转化率低。民间投资由于缺乏必要的引导和激励机制,表现不够活跃,中小企业融资不畅。如表 2-1 所示,固定资产投资的增长幅度自 1993 年起一路下降,1997 年仅为 8.8%。

表 2-1 全社会固定资产增长速度(%),1991—1997 年

年份	1991	1992	1993	1994	1995	1996	1997
增长速度	23.9	44.4	61.8	30.4	17.5	14.8	8.8

资料来源:《中国统计年鉴 2003》,第 186 页。

4. 经济出现结构性过剩局面

经济体制改革前,中国国民经济一直以供给不足的短缺经济为特征。改革后,先后出现过 1983 年的"局部买方市场"、1990 年的"市场疲软",终于在 1997—1998 年出现了较全面的"过剩经济"(见表 2-2)。《国际先驱论坛报》认为,在发展中国家,中国在生产能力过剩排行榜上位居首位,主要的商品供应几乎都大大超过了需求。[1]

表 2-2　我国市场商品供求平衡状况,1995 年上半年—1998 年上半年

	供不应求比重(%)	供求平衡比重(%)	供过于求比重(%)
1995 年上半年	14.4	67.3	18.3
1995 年下半年	13.3	72.3	14.6
1996 年上半年	10.5	74.5	15.0
1996 年下半年	6.2	84.7	9.1
1997 年上半年	5.3	89.4	5.3
1997 年下半年	1.6	66.6	31.8
1998 年上半年	0.0	74.2	25.8

资料来源:韩文秀:"买方市场条件下的宏观调控",《管理世界》,1998 年第 5 期。

据国家统计局对 900 多种主要工业产品生产能力的调查,我国生产能力严重过剩。一半左右的工业产品生产能力利用率在 60% 以下,最低的仅有 10%。

值得注意的是,这种过剩经济是一种结构性的过剩。一方面,大量性能较差质量较低的产品出现过剩,低劣品出现滞销和积压。这是多年来对这些过剩行业过度投资、重复建设,以及恶性竞争所造成的后果。另一方面,消费者对性能好质量高的产品或服务的需求又得不到充分满足,一些新兴产业发展不足。而这往往与国有经济垄断某些行业有关,如电信业、银行业、高等教育等。

2.2　我国实行积极财政政策的内容

在上述情况和条件下,我国政府在 1997 年之后的年份里连续实行了以扩张性财政政策为主的积极财政政策(主要是赤字财政政策)。这些财政政策的主要内容如表 2-3 所示:

① 胡鞍钢:《中国走向》,浙江人民出版社,2000 年。

表 2-3　我国积极财政政策主要内容,1997 年 12 月—2003 年

年份	日期	政策类型	主要内容
1997	12 月 23 日	取消收费	财政部会同会计委,对国务院有关部门行政事业性收费进行清理,取消第一批收费项目 29 项,分别涉及工商、建设、外贸、交通、外交、公安、税收、保密 8 个部门。
1998	1 月 1 日*	减少收税	对国家鼓励发展的国内投资项目和外商投资项目进口设备,免征关税和进口环节增值税。
	2 月 20 日*	减少收税	将纺织品出口退税率从 9% 提高到 11%。
	5 月 28 日	取消收费	财政部会同经贸委、计委、国务院纠风办等部门,取消国务院各部门、省区直辖市及所属部门未按国家规定报经国务院或财政部批准越权设立或不合理应予取消的各项基金共 147 项。
	7 月 1 日	减少收税	财政部、国家税务总局发出通知,将通信设备等七类机电产品和自行车等五类轻工产品增值税退税率,由原来的 9% 提高到 11%。
	8 月 7 日	发行债券	财政部发出《关于 1998 年特别国债的有关事宜公告》,发行 2 700 亿元,期限为 30 年的记账式长期国债,该国债面向工商、农业、中国和建设四大银行定向发行,用于补充这些银行的资本金。
	9 月 2 日	发行债券	九届人大常委会第四次会议审议批准财政部增发 1 000 亿元国债,作为国家预算内基础设施建设专项投资,用于国民经济和社会发展急需的基础建设投入。
	10 月 14 日	取消收费	财政部会同计委,取消第二批行政事业收费项目共 20 项,分别涉及文化、公安、建设、旅游、广电、林业、口岸 7 个部门。
	11 月 27 日	转移支付	财政部与 30 个省区直辖市签订了专项借款协议,将 42.5 亿元专款由中央财政借给地方,用于支持各地做好国有企业下岗职工基本生活保障、企业离退休人员养老金发放。
1999	7 月 1 日	减少收税	再次提高部分出口商品的出口退税率,其中将服装业出口退税率提高到 17%。

（续表）

年份	日期	政策类型	主要内容
	7 月 20 日	减少收税	财政部和国家税务总局联合发文，对《中华人民共和国固定资产投资方向调节税暂行条例》规定的纳税义务人，其固定资产应纳税项目在 1999 年 7 月 1 日至 12 月 31 日期间实际完成的投资额，按照条例规定的税率减半征收固定资产投资方向调节税。
	8 月 30 日	发行债券	九届人大常委会第十一次会议审议批准财政部增发 600 亿元长期国债，用于固定资产投资，包括技术改造项目贷款的贴息。
	9 月 6 日	转移支付	党中央国务院决定调整收入分配政策，提高城镇居民中低收入居民收入水平，直接受益人员 84 万人，涉及国有企业下岗职工、失业人员、城镇居民最低生活保障对象、行政事业单位在职工和离退休人员、企业退休人员和部分优抚对象等。1999 年，我国下岗职工等低收入人群补助水平提高了 30%，机关职工工资提高 30%。
	9 月 30 日	增收新税	依据 8 月 30 日九届人大常委会第十一次会议通过的《关于修改个人所得税的决定》，国务院总理朱镕基签发《中华人民共和国国务院令》第 272 号，发布《对储蓄存款利息所得征收个人所得税的实施办法》，自 1999 年 11 月 1 日开始实施。为对储蓄存款利息所得征税提供了法律依据。
	11 月 6 日	取消收费	财政部会同经贸委、计委、国务院纠风办等部门，取消 73 项基金收费项目，包含国务院各部门、省区直辖市及所属部门未按国家规定报经国务院或财政部批准越权设立、或虽按规定报批设立但已不适应目前经济发展要求的各种基金。
	12 月 17 日	减少收税	财政部等部门联合发文，对《中华人民共和国固定资产投资方向调节税暂行条例》规定的纳税义务人，其固定资产应纳税项目在 2000 年 1 月 1 日起新发生的投资额，暂行减半征收固定资产投资方向调节税。
	12 月 30 日	取消收费	财政部会同计委，取消又一批行政事业收费项目共 20 项，分别涉及经贸、交通、劳动和社会保障、新闻出版、海关、环保、外汇、司法等部门。

（续表）

年份	日期	政策类型	主要内容
2000	年初	发行债券	财政部预算安排1000亿长期国债。
	5月25日	取消收费	财政部会同计委对交通和车辆行政事业性收费、政府性基金和政府性集资项目进行清理，取消不同种类收费项目共计238项。
	8月25日	发行债券	九届人大常委会第十七次会议审议批准财政部下半年增发500亿元长期建设国债，要求将其基本用于加快在建国债项目建设，促使这些项目早日竣工发挥效益，同时要求项目资金安排向中西部地区倾斜。
2001	2月27日	发行债券	发行1000亿元基础设施建设国债，其中列入中央预算600亿元，另400亿元转贷地方，主要用于弥补前期基础设施在建项目后续资金。中央财政支出部分全部用于未完工程。
	5月8日	发行债券	发行500亿元特种国债以支持西部开发，用于西气东输、西电东送、青藏铁路、南水北调、生态建设等一些重大基础设施项目。
		转移支付	两次调整机关事业单位职工工资，人均月工资增长总计180元。
		转移支付	实施机关事业单位年终奖金制度，发放标准为本人当年12月的基本工资。
		转移支付	为支持国有企业关闭破产工作，确保职工安置和社会稳定，2001年共拨付破产补助资金135.07亿元，是前两年资金总额的2.35倍。
		转移支付	支出507.74亿元，用于确保国有企业下岗职工基本生活费和离退休人员基本养老金按时足额发放，比2000年增长6%。
	7月1日	减少收税	7月1日起，将棉纱、棉布及其制品的出口退税率由15%提高到17%。
	1月1日	减少收税	从2001年起，金融企业营业税每年下调1个百分点，2001年为7%，2002年为6%，2003年为5%，相应增加金融企业税后利润。
2002		发行债券	发行1500亿元长期建设国债，其中1250亿元为中央债务，250亿元为代地方政府发行，所筹资金主要用于在建国债项目、西部开发项目、重点企业技术改造、生态环境保护和科技教育发展等。

（续表）

年份	日期	政策类型	主要内容
		减少收税	根据入世承诺，我国大幅度减让了关税水平，使关税总水平由2001年的15.3%下降到了12%。
		减少收税	为了减缓入世对农业的冲击，将棉花、大米、小麦、玉米的出口退税率由5%提高到13%。
		减少收税	将钻石的出口退税率提高到了17%。
2003		发行债券	发行长期建设国债1 400亿元，重点用于五个领域： 一是继续支持社会公共基础设施建设，确保重大项目的投入和建设。在国债投资的支持下，南水北调、青藏铁路、西气东输、西电东送以及一批水电枢纽工程，将进入全面建设阶段。 二是改善农村生产生活条件。增加对农村公共品投资，解决农村公共投资严重不足的问题。 三是促进技术进步和企业技术改造。增加对企业的技改投入，积极支持企业特别是国有企业的技术改造。 四是继续为加快西部地区经济发展创造条件。主要投入西部的基础设施和生态环境保护，解决西部的交通、能源、通信、农业、水利等重大基础设施项目投资不足的问题。 五是加快实施退耕还林，促进可持续发展。
	4月23日	增加支出	中央财政设立20亿元的非典防治基金，占2003年中央财政预算支出15 138亿元的0.13%。
	5月10日	减少收费	财政部发出通知，要求各地区和有关部门对餐饮、旅店、旅游、娱乐、民航、公路客运、水路客运、出租汽车等行业减免15项政府性基金。
		减少收税	财政部和国税总局先后出台了4项优惠政策，包括企业、个人捐赠允许在缴纳所得税前扣除；一线的医务和防疫工作者的特殊临时性工作补助等免征个人所得税；对境外捐赠的防治非典防护用品等免征进口关税和进口环节增值税；北京市的个体工商户免收部分税费。

（续表）

年份	日期	政策类型	主要内容
	5月11日	减少税费	财政部、国家税务总局的行业优惠政策出台，包括：在2003年5月1日至9月30日期间，对民航的旅客运输业务和旅游业免征营业税等税费；对饮食业、旅店业减征、免征或缓征营业税等税费；对出租汽车司机免征个人所得税或降低征收定额；对出租汽车公司和城市公共交通运输公司减征、免征或缓征营业税等税费。
	5月14日	财政贴息	财政部发出紧急通知，决定对中央民航和旅游企业的短期贷款给予财政贴息。贴息贷款额度，根据企业2003年5月1日至9月30日发生的用于支付人员工资费用、必要的保障性供给等与正常生产经营直接相关的费用的短期贷款数额确定。
	7月1日	转移支付	从7月1日起，机关事业单位职工(包括离退休人员)根据不同职务，每月职务工资分别从100元至850元，增加到130元至1 150元，增加幅度从30元至300元不等。

资料来源：

1. 1997—2000年的资料：除了带有“*”的两个条目见相关日期的《经济日报》，其余内容引自财政部网站的“背景资料”，转引自卢锋，《经济学原理》，北京大学出版社，2002年，第540页。

2. 2001年的资料：“国家财政工作概况——积极财政政策”，《中国财政年鉴2002》，第51页。

3. 2002年的资料：“2002年财政回顾与2003年财政展望”，国研网，2003年5月21日。

4. 2003年的资料：“专访财政部部长金人庆：非典时期，非常财政”，新华网，2003年5月21日。

第3章

我国积极财政政策面对的特定问题

在分析我国的积极财政政策时,不能与西方国家进行简单的类比。中国连续实施积极(扩张性)财政政策,是建立在对中国国情正确认识基础上的。由于一些特定问题的存在,加大了我国宏观调控部门扩张经济的难度,因而使积极(扩张性)财政政策的连续实施成为必要。

3.1 我国在经济发展阶段上具有发展中国家的特殊性

改革开放以后,我国的经济发展举世瞩目。但不可否认,我国仍属于发展中国家。1999年我国人均GNP为780美元,在世界排名第140位。同年美国人均GNP为30 600美元,中国仅为其四十分之一。即使按购买力平价计算,我国1999年达3 291美元,也只是美国人均GNP的10.7%。[①]

经济学家埃普里姆·埃斯阿格曾这样总结发展中国家的经济特点:第一,土地和劳动力资源利用不足,并且生产率低下。这主要是由于,相对于他们的劳动大军规模和可利用的耕地面积来说,发展中国家的资本装备不足。第二,这些国家的技术普遍落后,其劳动力通常缺乏技术、管理和组织技能,健康状况往往也不好。所有这些不足只有通过投资才能加以改善,包括资本装备(包括基础设施)投资,以及通过教育、保健和新技能的培训进行人力投资等。[②] 而这些也正是中国面临的问题。只不过中国的上述特点更为突出罢了。

---

① 林毅夫:"后发优势与后发劣势——与杨小凯教授商榷",《经济学(季刊)》,2003年第3期。

② 埃普里姆·埃斯阿格:"发展中国家的财政和货币政策",见〔英〕约翰·伊特韦尔、墨里·米尔盖特、彼得·纽曼:《新帕尔格雷夫经济学大辞典》,陈岱孙主编译,经济科学出版社,1992年,第388页。

3.1.1 技术落后

我国供给过剩的现状,带有极其明显的结构特征。无论是农业、制造业还是服务业,我们的供给能力大都集中于技术层次较低的领域。制造业初级产品加工能力大多过剩,而技术含量较高的产品却需大量进口满足。例如,我国传统纺织品生产能力严重过剩,国家不得不强制淘汰传统纺织机,但是每年进口的高档纺织面料都在60亿美元以上。我国粗钢产量1.2亿吨,不锈钢80%要依靠进口。我国自己生产700万吨塑料,而家用电器需要的塑料需进口800万吨。①

在短缺经济条件下,投资者的投资意愿十分旺盛。但在投资迅速扩张的过程中,产业结构升级却没有跟上,形成大量的重复建设。结果使投资效益不断下降,在一定程度上抑制了近年来的投资需求。

北京大学的经济学家林毅夫认为,我国目前与发达国家技术差距相当大,利用这个技术差距来促进经济发展的潜力非常大。这就是所谓的"后发优势"。

3.1.2 二元经济特征

改革开放以来,我国城乡居民收入差别不仅没有缩小,还有所扩大。1978年城镇居民人均年收入为农村居民的2.57倍,2002年扩大到3.11倍(见表3-1)。如果再考虑到城镇居民享受的各种社会保障和福利支出,差别将更大。因此,内需不足,更多地表现为农民最终消费需求不足。

随着城乡居民收入水平与消费水平差距的不断拉大,农村消费品市场与城市消费品市场的等级也不断拉大,以至于拉大到两个市场"断裂"的程度,即在城镇市场上已经趋于饱和的高档耐用消费品,无法向有效需求不足的农村市场转移。

---

① 许经勇、张一力、张玲玲:"试析当前我国国民经济增长态势",《社会科学研究》,2001年第1期。

表 3-1 城乡居民人均收入水平,1978—2002 年

年份	农村居民家庭人均纯收入(元)	城镇居民家庭人均可支配收入(元)	城市与农村居民人均收入之比
1978	133.60	343.40	2.57
1980	191.30	477.60	2.50
1985	397.60	739.10	1.86
1986	423.76	899.60	2.12
1987	462.55	1 002.20	2.17
1988	544.94	1 181.40	2.17
1989	601.51	1 375.70	2.29
1990	686.30	1 510.20	2.20
1991	708.60	1 700.60	2.40
1992	784.00	2 026.60	2.58
1993	921.60	2 577.40	2.80
1994	1 221.00	3 496.20	2.86
1995	1 577.70	4 283.00	2.71
1996	1 926.10	4 838.90	2.51
1997	2 090.10	5 160.30	2.47
1998	2 162.00	5 425.10	2.51
1999	2 210.30	5 854.02	2.65
2000	2 253.40	6 280.00	2.79
2001	2 366.40	6 859.60	2.90
2002	2 475.60	7 702.80	3.11

资料来源:1991—2003 年历年的《中国统计年鉴》。

当前,我国农村的总体消费水平仍然较低,1998 年的恩格尔系数为 53.4%。这仅相当于城镇居民在 20 世纪 80 年代初期的水平,说明农村居民消费需求的上升空间较大,但是农村市场巨大的需求潜力要转化为现实的购买力,还面临着以下问题:农产品供求关系发生变化,农产品价格持续 30 多个月出现负增长。这个问题只能通过调整农业生产结构,进行农产品的深加工来解决。另外,乡镇企业和整个工业一样,面临生产过剩和销售困难。2001 年以来乡镇企业减少 300 万个,从业人员减少近 2 000 万人。同时,随着资本密集型产业的发展和技术装备水平的提高,单位资本所吸纳的劳动力数量减少。城市下岗职工和失业人口的增加,使得农民外出打工的机会相对减少。另外,乡镇企业资本有机构成也在提高。这些都不利于解决农村的剩余劳动力问题。因此,农民人均收入增长率出现大幅下降的趋势。如图 3-1 所示,从 1994 年的 32.49% 下降至 2000 年的 1.95%。

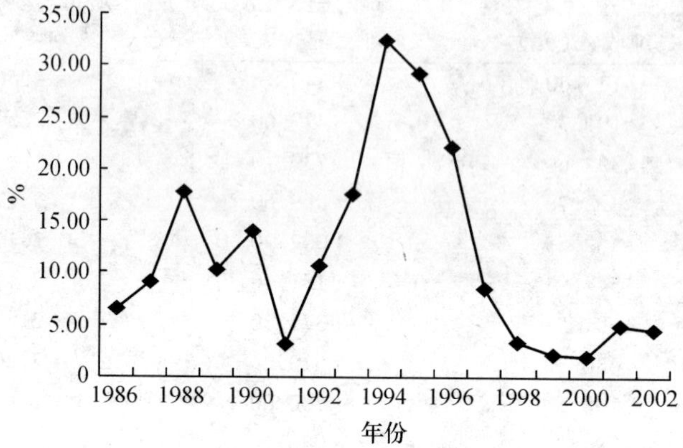

图 3-1　农村居民人均纯收入增长率(%),1986—2002 年

资料来源:1991—2003 年历年的《中国统计年鉴》。

3.2　1998 年时我国经济的微观基础:长期软预算约束开始初步硬化

经济波动在启动和紧缩时具有不对称的特点。但我国宏观经济的特点和外国有所不同:外国往往是启动困难,紧缩容易,而我国在原有的计划经济体制下却是“启动容易刹车难”;但在市场机制开始起作用的情况下,我国经济也开始逐步出现了“刹车容易启动难”的现象。我国和外国存在这种差别的原因主要在于,财政预算的约束力度不同。①

3.2.1　计划经济体制下的软预算约束

在计划经济体制下,我国的软预算约束使得资金需求过度膨胀。这在改革开放以前和改革开放初期,具体表现为“财政主导型”投资。这时财政资金的使用是无偿的。20 世纪 80 年代中期,经过初步改革,国有企业实行了固定资产投资的“拨改贷”和流动资金的“全额信贷”,投资转为“金融主导型”。银行资金名义上是有偿使用的,而实际上由于银行管理体制

① 刘树成:“中国经济波动的新轨迹”,《经济研究》,2003 年第 3 期。

的落后，以及银行自身的国有性质，银行贷款的质量并不高。投资由过去的"吃财政的大锅饭"转向"吃银行的大锅饭"，预算约束仍然是软的。

这样，每当经济需要启动时，只要放松银根，注入资金，各地区、部门、国有企业都会去争夺资金，经济立即启动起来。而当需要刹车时，谁都不愿立即罢手，唯恐先刹车者吃亏。软预算约束导致在原有体制下，出现了投资饥渴、盲目扩张冲动和经济波动的大起大落。

由图 3-2 可见，1953—1994 年，中国年度经济增长率的跳跃非常大。

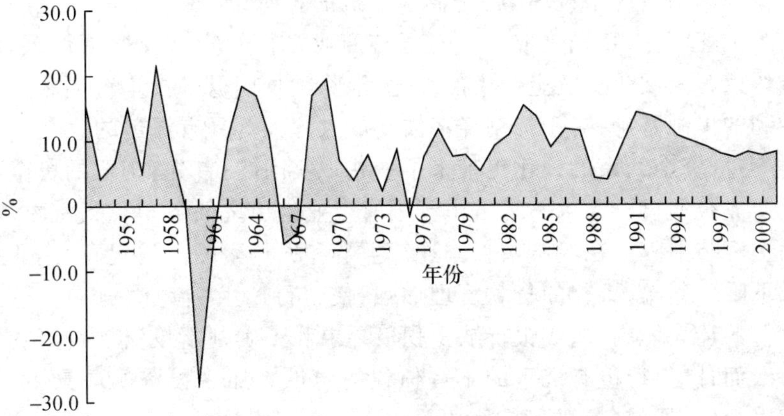

图 3-2 GDP 增长率(%)，1953—2002 年

资料来源：

1. 1953—2000 年的数据：《中国统计年鉴 2002》。
2. 2001—2002 年的数据：《中国统计年鉴 2003》。

注：本图数据按可比价格计算。

3.2.2 市场机制下的硬预算约束

在市场机制起作用的情况下，宏观经济是"刹车容易启动难"。美国经济学家哈伯勒曾指明了市场经济下的这种不对称特点："通过银行方面的限制信用，总是可以使扩张由此停顿、收缩过程由此开始的。但是单单凭使信用代价低廉和供额充裕的办法，却不一定能使收缩迅速停止……由此可见，在高潮转折点与低潮转折点之间，存在着某种参差情况，对向上转折进行解释时所采取的方式,跟对向下转折时所采取的,应有所不同。”①

之所以出现这种情况,主要是因为资金约束硬化,借款投资者要考虑及时赢利和还款。当经济波动处于波谷阶段时,投资前景不看好,不论是银行放贷还是企业借款,都必然要谨慎。凯恩斯所说的“流动性陷阱”就描述了这种状况的极端状态。

3.2.3 我国目前的状况:软预算约束开始初步硬化

就我国的情况来说,在亚洲金融危机的警示下,我国金融领域的市场化改革加速深化,特别是取消了对国有商业银行的贷款规模管理,因而使资金约束开始硬化。资金约束的硬化,消除了长期以来投资饥渴和盲目扩张冲动的体制基础,对于抑制经济波动的大起大落具有深远的意义。

不过,资金约束的硬化也带来了一些现实问题:首先,企业的资金约束硬化造成企业投资需求下降。由于国有企业的历史债务包袱很沉重,不可能马上轻装上阵。在经济增长率连续下滑和通货紧缩的情况下,企业投资需求下降。其次,银行的贷款管理加强,使银行产生“惜贷”倾向。过去长期实行的计划体制,造成银行缺少积极寻求和正确判断投资项目赢利性的能力。而且,银行也有沉重的不良债权的包袱。加之投资的前景不看好,就使银行出现“惜贷”的倾向。再次,资本市场还正处在发展过程中,直接融资渠道相对狭窄,这也使得企业受到资金约束的问题更加严重。总之,资金约束开始硬化,加大了我国启动经济的困难。

3.3 1998年后我国处于一个经济高速增长阶段后的调整期

3.3.1 亚洲金融危机导致的金融监管的加强,约束了企业投资的融资环境

1993—1997年间,我国的国家财政一直在保证国有商业银行资产质量和保全国有企业之间左右为难。虽然政府做了很多金融立法的工作,但这些法律并没有得到严格执行。随着亚洲金融危机的爆发和警醒,国家财

---

① 〔美〕哈伯勒:《繁荣与萧条——对周期运动的理论分析》,商务印书馆,1988年,第406页。

政终于下定决心克服潜在的金融危机。1998 年,我国政府出台了很多金融改革措施,力度之大,数量之多,可谓前所未有。

这些措施包括:要求银行严格贷款审查,实行审慎经营,按五级分类法增加呆账准备金的拨备;1998 年发行 2 700 亿元特别国债,用以充实商业银行资本金,使之达到巴塞尔协议对资本充足率的要求;增加企业融资中直接融资所占比重,防止银行信贷资金违规流入股市,减少商业银行对股市的风险暴露;2000 年,由政府组建的四大资产管理公司全价收购了四大国有商业银行的不良资产,约人民币 1.4 万亿元。[①]

可以说,1997 年亚洲金融危机推动了中国严格执行商业化信贷政策的决心。在这种情况下,1992—1997 年的经济增长模式被终止了,银行贷款或者说企业投资随之下降。国内银行开始严格执行《贷款通则》等相关法律。

随着银行贷款标准的提高,那些一直亏损、财务流动性很差的企业(主要是国有企业)的投资增长下降。没有了银行信贷资金的支持,它们再也无法维持其财务流动性。而个人来自这些国有企业的收入净现金流无疑会下降。随着收入净现金流的下降,消费支出的增长势必下降。从就业的统计数字看,1996—1998 年,国有单位就业人口数占 2 亿,城镇就业人口数的比例分别为 56%、53% 和 42%,就业比例猛烈下降。就业减少带来个人消费增长大幅下降的局面。1996—1998 年,全社会消费品零售总额的增长率持续下滑。[②]

这样,为了整个局面的稳定,国家财政必须取代国有企业,亲自出面增加投资。这就是积极(扩张性)财政政策大量增加财政支出的原因。与此同时,国家财政还采取了一些转移支付措施,力求缓解通货紧缩给就业带来的强烈冲击。

3.3.2 整顿税收征管秩序增加了政府税收,有利于政府支出的扩大

由于打击走私、清理偷税漏税,在积极财政政策实施期间,我国税收收入占 GDP 的比重反而有所上升(见图 3-3)。

1999 年打击走私,关税猛增 800 多亿元,占当年税收增量的一半多。另据测算,2001 年税务系统加强征管增收近 700 亿元左右,约占全年税收

---

① 吴敬琏:“中国金融系统的稳定和发展”,《财经》,2003 年第 5 期。

② 易纲、林明:“理解中国经济增长”,《中国社会科学》,2003 年第 3 期。

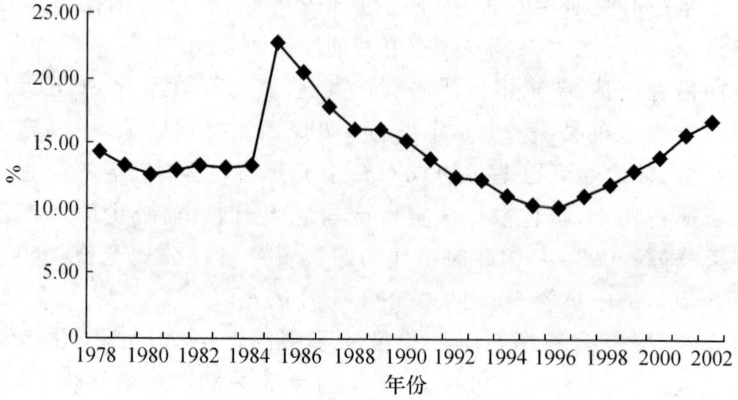

图 3-3　税收收入占国内生产总值的比重(%),1978—2002 年

资料来源:根据《中国统计年鉴 2000》、《中国统计年鉴 2003》的数据计算所得。

增收总额的 26%。[①]

需要说明的是,财政收入上升主要表现为税收增加,政府行政收费可能有所降低,因而政府实际收入上升程度要低于统计显示的财政收入增长幅度。

尽管从长期看,严格税收征缴制度是十分必要的。然而,从短期效果看,无论通过何种途径增加政府收入,都意味着公众特别是企业实际税负上升。其他条件相同时,企业实际税负上升,意味着赢利预期下降,因而会对民间投资需求产生抑制作用。

总之,在积极财政政策实施期间,宏观经济政策的工具性扩张与体制性收缩并存。这种做法也被形象地称为"一脚踩刹车,一脚踩油门"。

3.4　1998 年后我国的政策运行环境:处在经济转轨阶段

我国的市场化改革是一个不断推进的过程。经济转轨阶段的特定政策环境,是我国宏观经济调控部门所必须面对的。经济转轨阶段的特征主要有以下几个方面。

---

① 贾康、刘尚希、吴晓娟、史兴旺:"我国税收近年为何快速增长",《上海证券报》,2002 年 9 月 13 日,第 7 版。

3.4.1 收入分配不均和社会保障体制尚不健全

我国改革开放以来收入分配格局的变化,决定了社会边际消费倾向的下降趋势。随着社会总收入的不断增加,收入增量部分被占人口约20%左右的高收入人群所获取。约80%左右的低收入人群的收入呈相对下降趋势。由于低收入人群的边际消费倾向高于高收入人群,因而导致社会平均消费倾向的下降。

在传统计划经济体制下,城镇居民的住房、医疗、教育、养老等都是由政府或单位来提供保障的。而随着经济体制改革的深化,医疗、养老、保险以及住房和教育等由个人负担的部分将不断增加。这意味着人们在当前或未来,将会有较大数额的支出。人们对未来的期望值不确定,就不得不减少当前消费,加大储蓄的力度,以实行自我保障。而社会的边际消费倾向低,直接后果就是财政投资的乘数效应较小。

3.4.2 货币政策传导机制还不完善

1996年5月之后的两年多时间里,我国中央银行先后多次降低存、贷款利率,并在1998年初取消国有商业银行的贷款限额控制,改为资产负债比例管理和风险管理,降低准备金率,颁布积极实行贷款支持的指导意见等,以求扩大企业贷款需求,刺激投资。货币政策如此连续、密集的使用,却没有产生明显的政策效果。其原因在于:

首先,根据美国经济学家罗伯特·蒙代尔的分析,在资本自由流动的开放经济中和浮动汇率制下,货币政策对一国宏观经济的影响大于财政政策。而我国目前还不具备这种开放经济的特点。其次,投资主体的产权体系还不健全,投资决策对利率反应并不灵敏。因此,以调节利率为中心的货币政策作用就较为有限了。最后,货币政策的作用发挥需要一个较为健全的资本市场基础,而我国目前的资本市场还很不成熟。

相比之下,我国政府在决定实施积极(扩张性)财政政策时,政策时滞较短,资金配置到位直接,扩大内需见效快,这都是货币政策难以取代的。实际上,1997年亚洲金融危机后,各国对衍生金融工具,特别是扩张性货币政策对经济增长的作用普遍抱有怀疑态度。而财政政策在宏观经济政策体系中的地位则变得日益重要。

3.5 政策工具:财政政策的两种政策手段均有待健全

3.5.1 1998年时我国财政能力不足,减税空间有限

从发达市场经济国家的经验来看,扩张性财政政策一般包括减税和增支两方面。而我国的积极(扩张性)财政政策则主要采取增支的方式,减税力度很有限。其重要原因就在于中国税收占GDP的比重过低。1997年,我国的这一比重只有11%左右,而发达国家的这一比重为40%—50%,甚至更高。过低的宏观税负决定了我国的减税空间有限。

不过,一个值得注意的事实是,尽管自1999年以来,我国政府实行了诸多税收减免,但税收收入占GDP的比重却一直在增加。图3-3表明,我国自实施积极(扩张性)财政政策以来,税收收入占GDP的比重在不断提高。政府在发行国债增加财政支出的同时,税收也在不断增加。1998年政府一方面发行1000亿元国债扩大内需,另一方面又加大税收征管力度,当年增加税收1000亿元。这样,两种政策的效应相互抵消,影响了扩张的实际效果。

实际上,由于改革开放初期采取的是"放权让利"的方式,分配政策向个人倾斜,因此,我国政府的财政能力在不断削弱,规范性的税收收入比重日益下降,为了弥补财力的不足,税外的乱收费、乱摊派现象应运而生,预算外资金膨胀。1994年,我国实行分税制改革,目的之一就在于提高财政收入占GDP的比重。之后进行的税费改革则旨在清理"三乱",降低税外负担。由此可见,近年来税收收入的增加,是建立规范的公共财政体制、增强国家财政能力必经的阶段。这无疑会影响财政进行宏观调控的操作空间。

另外,以间接税为主的税收结构、长期以来不规范的税收环境可能造成的随意减免和越权减免,都会削弱减税刺激增长的效应。

3.5.2 我国国债的发行和管理有待完善

1998年时,我国国债的发行和管理还存在如下问题:

第一,国债市场相互割裂,交易方式过于单一。1997年以后我国国债二级市场的组织方式发生明显变化,商业银行退出交易所系统。此后三个

市场自成体系，相互隔绝，影响了国债的流通性。国债交易方式基本上是现货交易，国债回购交易和场外交易市场不断萎缩，国债期货交易则因1995年的“327”国债风波而暂停运行，投资者缺少一个可规避风险的场所。此外，交易所国债市场宣传营销力度也不够，其投资价值尚未被公众充分认识。

第二，基层和农村市场渠道不畅，农民投资国债难。1998年凭证式国债承销团的主体成员是商业银行，各家商业银行通过计划分配，将国债销售指标下达其分支机构并向公众发售，呈现出垂直管理的特点。由于商业银行网点布局偏重于城市，国债销售出现“城市热、乡村冷”的现象。而交易所的国债则受到券商交易网络的限制，更与农村无缘。

第三，期限结构不合理，缺少长期、短期品种。国债品种比较单一，期限结构缺乏均衡合理的分布，基本上是以3—5年期的中期国债为主，很少有10年期以上的长期国债和1年期以内的短期国债。2001年首次发行的20年期国债也仅限于银行间债券市场流通。这种状况难以满足持有者对金融资产品种多样化的需要，而且造成财政还本付息的压力过于集中。

第四，国债资金的使用效率有待提高。国债资金被广泛地运用于经济建设，而中央政府的相关部门是支配国债资金的决策者。这强化了高度集中的审批制度，容易滋生权钱交易，降低政府资金配置效率。

第4章

我国连续扩大财政支出的经济效应

4.1 我国财政支出的乘数效应分析

4.1.1 乘数效应的估算

政府支出的乘数效应一般是指,政府支出最终所导致的国内生产总值要大于该政府支出额,一般以政府支出所导致的国内生产总值与该政府支出额之比。政府支出乘数的大小关系到实行扩张性财政政策的效果:乘数越大,扩张性财政政策的效果就越大。我们在第一章已经谈到,引入政府税收和国际贸易后,这个乘数效应会有所减弱,具体的推导如下:

$$Y = \text{AD} = C + I + G + \text{NX} \tag{4-1}$$

$$C = a + b(1 - t)Y \tag{4-2}$$

$$\text{NX} = g - nY \tag{4-3}$$

其中,Y 为总收入,AD 为总需求,C 表示消费,I 为投资,G 为政府支出,NX 为净出口;a 为必需消费,b 为边际消费倾向,t 为税率;g 为常数,n 为边际进口倾向,即一国进口增量与收入增量的比重。

联立以上三式,得到

$$Y = \frac{a + I + G + g}{1 - [b(1 - t) - n]} \tag{4-4}$$

因而计算乘数效应的公式为:

$$\delta = \frac{\Delta Y}{\Delta G} = \frac{1}{1 - [b(1 - t) - n]} \tag{4-5}$$

估计财政支出的乘数值,首先要求得边际消费倾向与边际进口倾向的数值,根据表 4-1 中的数据,令全国人均可支配收入为 Y,全国人均消费支出为 C,画散点图,如图 4-1 所示。

表 4-1　居民人均消费支出和人均可支配收入

年份	乡村人口比重（%）	城镇人口比重（%）	农村居民家庭人均纯收入（元）	农村居民家庭平均每人生活消费支出（元）	城镇居民家庭人均可支配收入（元）	城镇居民家庭平均每人全年消费性支出（元）	全国居民人均消费支出（元）	全国居民人均可支配收入（元）
1985	76.29	23.71	397.60	317.42	739.10	673.20	401.78	478.57
1986	75.48	24.52	42.76	356.95	899.60	798.96	465.33	540.44
1987	74.68	25.32	462.55	398.29	1 002.20	884.40	521.37	599.19
1988	74.19	25.81	544.94	476.66	1 181.40	1 103.98	638.57	709.21
1989	73.79	26.21	601.51	535.37	1 375.70	1 210.95	712.44	804.43
1990	73.59	26.41	686.30	584.63	1 510.20	1 278.89	767.98	903.89
1991	73.06	26.94	708.60	619.01	1 700.60	1 453.81	843.91	975.84
1992	72.54	27.46	784.00	659.01	2 026.60	1 671.73	937.10	1 125.22
1993	72.01	27.99	921.60	769.65	2 577.40	2 110.81	1 145.04	1 385.06
1994	71.49	28.51	1 221.00	1 016.81	3 496.20	2 851.34	1 539.83	1 869.66
1995	70.96	29.04	1 577.70	1 310.36	4 283.00	3 537.57	1 957.14	2 363.32
1996	69.52	30.48	1 926.10	1 572.08	4 838.90	3 919.47	2 287.56	2 813.92
1997	68.09	31.91	2 090.10	1 617.15	5 160.30	4 185.64	2 436.76	3 069.80
1998	66.65	33.35	2 162.00	1 590.33	5 425.10	4 331.61	2 504.55	3 250.24
1999	65.22	34.78	2 210.30	1 577.42	5 854.02	4 615.91	2 634.21	3 477.59
2000	63.78	36.22	2 253.40	1 670.13	6 280.00	4 998.00	2 875.48	3 711.83
2001	62.34	37.66	2 366.40	1 741.00	6 859.60	5 309.01	3 084.71	4 058.54
2002	60.91	39.09	2 475.60	1 834.00	7 702.80	6 029.88	3 474.17	4 518.91

资料来源：1991—2003 年历年的《中国统计年鉴》。

注：

1. 全国居民人均消费支出 = 农村居民家庭平均每人生活消费支出 × 乡村人口比重 + 城镇居民家庭平均每人全年消费性支出 × 城镇人口比重

2. 全国居民人均可支配收入 = 农村居民家庭人均纯收入 × 乡村人口比重 + 城镇居民家庭人均可支配收入 × 城镇人口比重

3. 城市居民家庭可支配收入：指被调查的城市居民家庭在支付个人所得税、记账补贴、家庭副业生产支出后所余下的实际收入。

4. 城市居民家庭消费性支出：指被调查的城市居民家庭用于日常生活的全部支出，包括购买商品支出和文化生活、服务等非商品性支出。不包括罚没、丢失款和缴纳的各种税款（如个人所得税、牌照税、房产税等），也不包括个体劳动者生产经营过程中发生的各项费用。

5. 农村居民家庭纯收入：指农村常住居民家庭总收入中，扣除从事生产和非生产经营费用支出、缴纳税款和上缴承包集体任务金额以后剩余的，可直接用于进行生产性、非生产性建设投资，生活消费和积蓄的那一部分收入。农村居民家庭纯收入包括从事生产性和非生产性的经营收入，在外人口寄回带回和国家财政救济、各种补贴等非经营性收入；既包括货币收入，又包括自产自用的实物收入，但不包括向银行、信用社和向亲友借款等属于借贷性的收入。

6. 农村居民家庭生活消费支出：指农村常住居民家庭用于日常生活的全部开支，是反映和研究农民家庭实际生活消费水平高低的重要指标。

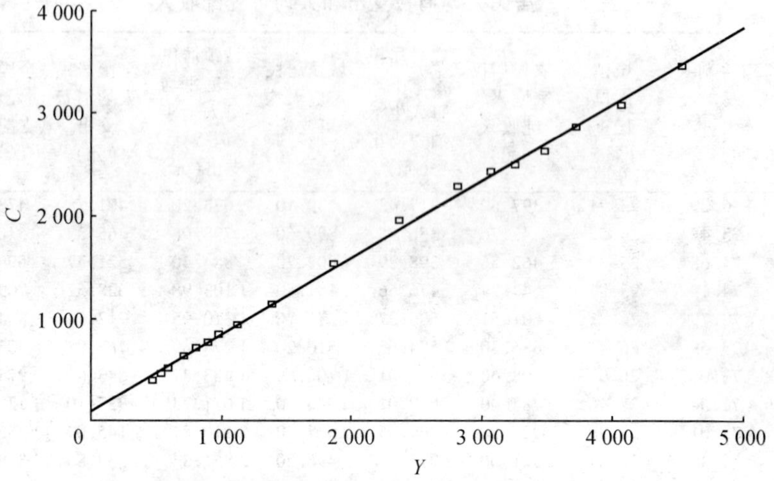

图 4-1　全国人均可支配收入与全国人均消费支出,1985—2002 年

资料来源:1991—2003 年历年的《中国统计年鉴》。

从散点图可知,Y 与 C 有显著的线性相关。利用 SPSS 软件,运用 OLS 方法,对以上数据作相应的计算分析。

从表 4-1 得到,回归方程为

$$\hat{C} = 98.437 + 0.749Y$$
$$(5.126)\quad(94.977)$$

由于是一元回归,t 检验与 F 检验的结果相同,即 C 对 Y 的线性回归高度显著。边际消费倾向置信度 95% 的区间估计为(0.732,0.766),得 $b=0.749$。

表 4-2　财政收入占国内生产总值的比重,1985—2002 年

年份	财政收入占国内生产总值的比重(%)
1985	22.4
1986	20.8
1987	18.4
1988	15.8
1989	15.8
1990	15.8
1991	14.6

（续表）

年份	财政收入占国内生产总值的比重（%）
1992	13.1
1993	12.6
1994	11.2
1995	10.7
1996	10.9
1997	11.6
1998	12.6
1999	13.9
2000	15.0
2001	16.8
2002	18.0

资料来源:1985—1989 年的数据来自《中国统计年鉴 1999》,1990—2002 年的数据来自《中国统计年鉴 2003》。

取 1985—2002 年这一比重的平均值,为 15%,即 $t=15\%$。

表 4-3　进出口贸易总额与 GDP,1985—2002 年

年份	出口总额（亿元）	进口总额（亿元）	差额（亿元）	GDP（亿元）
1985	808.9	1 257.8	-448.9	8 964.4
1986	1 082.1	1 498.3	-416.2	10 202.2
1987	1 470.0	1 614.2	-144.2	11 962.5
1988	1 766.7	2 055.1	-288.4	14 928.3
1989	1 956.0	2 199.9	-243.9	16 909.2
1990	2 985.8	2 574.3	411.5	18 547.9
1991	3 827.1	3 398.7	428.4	21 617.8
1992	4 676.3	4 443.3	233.0	26 638.1
1993	5 284.8	5 986.2	-701.4	34 634.4
1994	10 421.8	9 960.1	461.7	46 759.4
1995	12 451.8	11 048.1	1 403.7	58 478.1
1996	12 576.4	11 557.4	1 019.0	67 884.6
1997	15 160.7	11 806.5	3 354.2	74 462.6
1998	15 231.6	11 626.1	3 605.5	78 345.2
1999	16 159.8	13 736.5	2 423.3	82 067.5
2000	20 634.4	18 638.8	1 995.6	89 468.1
2001	22 024.4	20 159.2	1 865.2	97 314.8
2002	26 947.9	24 430.3	2 517.6	104 790.6

资料来源:1990—2002 年的数据来自《中国统计年鉴 2003》,1985—1989 年的数据来自《中国统计年鉴 1998》。

注:进出口差额负数为入超。

计算得

$$NX = -704.772 + 0.03491Y$$
$$(-2.342) \quad (6.734)$$

于是有边际进口倾向 $n = -0.03491$。

以上数字代入乘数效应的公式 $\delta = \frac{\Delta Y}{\Delta G} = \frac{1}{1-[b(1-t)-n]}$ 中，计算得 $\delta = 3.04$。

仅从算得的乘数数字看，我国财政投资拉动经济效应还是比较可观的。但要注意，这里采用的是收入–支出模型，仅仅考虑了产品市场。如果再把货币市场和劳动力市场纳入考察范围，财政支出乘数将会有所减小。

发达国家也对其公共投资乘数做过相应的测算。根据日本企划厅的计算，日本的公共投资乘数1951—1971年为2.27，但之后有不断下降的趋势。[①] 克门塔和史密斯(Kmenta & Smith, 1973)利用美国1954—1963年的季度数据建立的季度宏观经济模型中，政府支出的当年乘数是1.14，长期乘数是1.84。

4.1.2 乘数效应的分析

我国经济中消费、投资、出口三大需求对GDP的贡献如表4-4所示。

表4-4 三大需求对GDP的贡献，1990—2002年

年份	三大需求对GDP的贡献(%)		
	最终消费	资本形成总额	货物和服务净出口
1990	43.63	18.83	37.54
1991	60.14	36.24	3.62
1992	61.23	46.23	-7.46
1993	48.98	62.08	-11.06
1994	54.26	34.97	10.78
1995	57.86	39.06	3.08
1996	64.86	30.45	4.69
1997	54.47	24.23	21.30
1998	68.79	26.49	4.73

① 高长春:《经济增长与财政政策——以战后日本经济发展经验为视角》，黑龙江人民出版社，2001年，第210—211页。

（续表）

年份	三大需求对 GDP 的贡献（%）		
	最终消费	资本形成总额	货物和服务净出口
1999	90.38	31.49	-21.87
2000	73.22	26.90	-0.13
2001	46.82	53.57	-0.38
2002	38.35	55.02	6.63

资料来源：根据《中国统计年鉴 2003》第 67 页的数据计算所得。

注：

1. 最终消费 = 居民消费 + 政府消费
2. 资本形成总额 = 固定资本形成总额 + 存货增加
3. 贡献率（%）= 某因素贡献量（增量或增长程度）/总贡献量（总增量或增长程度）×100%，这里采用的是增量。

从表中可以看出，我国消费需求对 GDP 的贡献自 2000 年以来大幅下降，投资需求的贡献则大大增加。而在最终消费中，农村居民所占比重自 1978 年以来是逐步下降的（见图 4-2）。

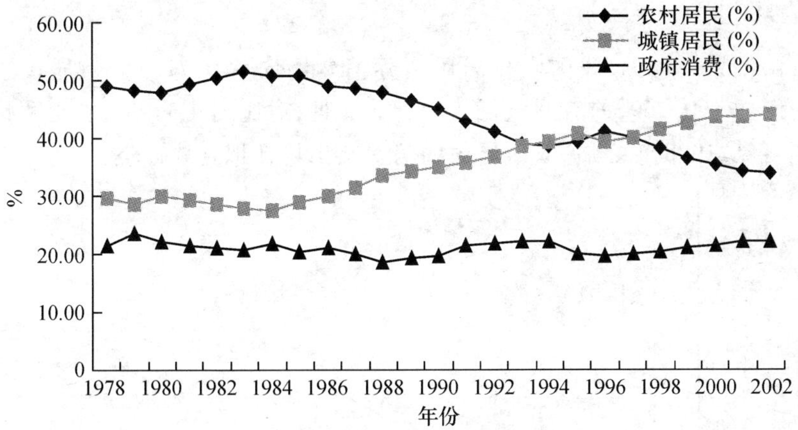

图 4-2　最终消费的构成，1978—2002 年

资料来源：根据《中国统计年鉴 2003》第 68 页的数据计算所得。

自 1997 年以来，在我国的最终消费需求中，政府消费与城镇居民消费的比重都在稳步上升，而农村居民消费比重却在逐年下降（见表 4-5）。这也是我国政府一再强调提高农民收入、拉动农村市场需求的原因所在。

表 4-5　最终消费的构成(%),1997—2002 年

年份	农村居民消费	城镇居民消费	政府消费
1996	41.00	39.40	19.6
1997	40.00	40.00	20.0
1998	38.13	41.47	20.4
1999	36.47	42.63	20.9
2000	35.19	43.39	21.4
2001	34.43	43.47	22.1
2002	33.92	43.88	22.2

资料来源:根据《中国统计年鉴 2003》第 68 页的数据计算所得。

运用 SPSS 软件,对 1985—2002 年城乡居民的消费和收入分别作回归,分别得到城市居民的消费方程为:

$$CT = 142.747 + 0.769YT$$
$$(3.918) \quad (44.241)$$

农村居民的消费方程为:

$$CC = 96.166 + 0.710YC$$
$$(6.389) \quad (143.271)$$

由结果中可见,我国农村居民边际消费倾向为 0.710,城市居民边际消费倾向为 0.769,前者明显低于后者。而且,对比图 4-3 和图 4-4 两幅散点图可见,1998 年之后,农村居民的消费支出均在拟合线以下。

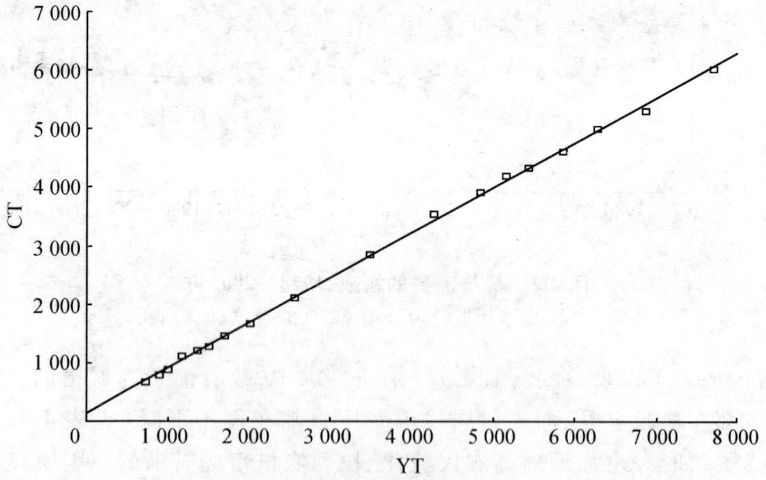

图 4-3　城市人均可支配收入与城市人均消费支出,1985—2002 年

资料来源:1991—2003 年历年的《中国统计年鉴》。

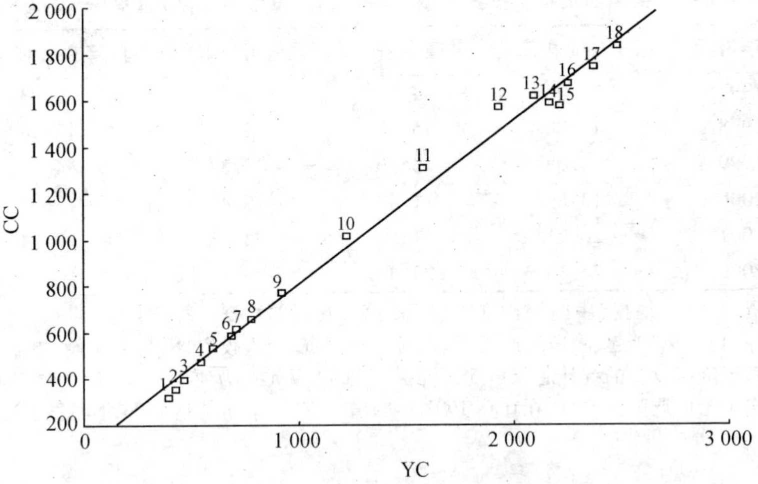

图 4-4　农村人均纯收入与农村人均消费支出,1985—2002 年

资料来源:1991—2003 年历年的《中国统计年鉴》。

4.2　我国财政支出的"挤出效应"分析

财政支出的"挤出效应"的大小是政府实施财政政策效果大小的又一个重要影响因素。分析我国实施积极(扩张性)财政政策效果时,自然不能忽略该因素。

4.2.1　近年来我国实施积极(扩张性)财政政策的"挤出效应"分析

由表 4-6 和图 4-5 可见,1998—2002 年五年间,我国国家预算内资金在 1998 年、1999 年两年有较大增幅,但 2000 年的增速又大幅下降,其后的增长速度则较为稳定。国内贷款的增速一直相对稳定。利用外资、自筹和其他资金的增长率在 1999 年最低,之后则稳步增长。财政投资的"挤出效应"并不明显。

"挤出效应"不明显的原因在于:

表 4-6　我国固定资产投资年增长率(%,按资金来源分),1997—2002 年

年份	国家预算内资金	国内贷款	利用外资	自筹和其他资金
1997	11.32	4.57	-2.28	10.93
1998	71.86	15.90	-2.49	13.24
1999	54.68	3.30	-23.32	4.18
2000	13.89	17.49	-15.47	11.94
2001	20.71	7.62	2.03	17.24
2002	24.13	22.37	20.47	16.89

资料来源:根据《中国统计年鉴 2003》第 186 页的数据计算所得。

注:自 1997 年起,除房地产投资、农村集体投资、个人投资外,基本建设、更新改造和其他固定资产投资的统计起点由 5 万元提高到 50 万元。为便于比较,对 1996 年的相应数据作了全面调整。这里,在计算 1997 年的增长率时,运用的是 1996 年调整后的数据。

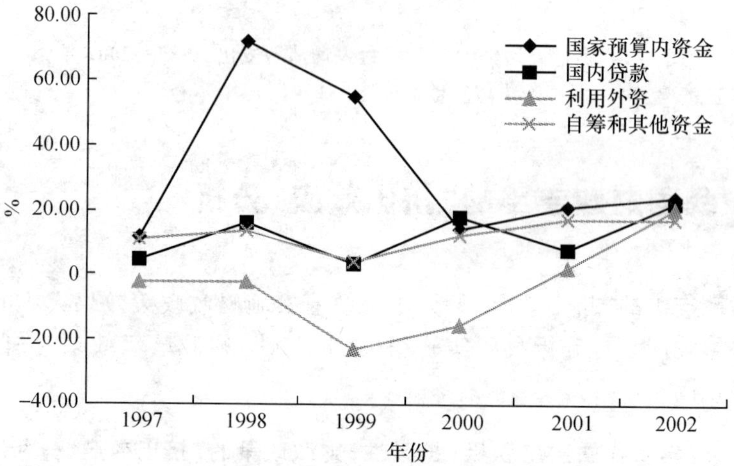

图 4-5　固定资产投资年增长率(按资金来源分),1997—2002 年

资料来源:根据《中国统计年鉴 2003》第 186 页的数据计算所得。

1. 社会上存在大量闲置资金

政府的财政赤字是否带来"挤出效应"或"挤出效应"的大小,关键在于民间是否存在着大量的闲置资金。所谓闲置资金是指那些没有进入生产和流通领域因而不能转化成生产力的资金。衡量闲置资金大小的两个重要指标是:银行的超额准备金和居民的定期存款,前者是银行可以动用的闲置资金,后者是居民的闲置资金。这里银行的超额准备金是指银行的实际储备和按法定准备金率计算的法定准备金之间的差;而居民的定期存款则可以近似地由货币指标 M_2 和 M_1 之间的差来代替。

自1997年以来,我国的闲置资金每年以8%以上的速度扩大。面对如此规模的闲置资金(9万亿元),每年3 000亿元左右的借用,有效调动了这部分闲置资金,使之进入流通和生产领域。

近年来我国商业银行的超额准备金率超过70%,存在较大的存贷差额。商业银行近年的资金过剩主要是风险意识增强、企业投资利润较低及产业政策调整的缘故,而且这种过剩是在满足了政府借款需求之后的过剩。因此,应该说,增发国债没有与民间竞争有限的资金。

我国前财政部长项怀诚说,在中国还没有证据支持存在"挤出效应"的观点。基本原因是银行存贷差规模一直很大,财政投资在资金上挤出不了民间投资。2002年我国老百姓的储蓄存款已超过7万亿元,金融机构各项存款余额达到14万亿元,各项贷款余额10.9万亿元,存贷差额3万多亿元,社会资金较大。民间投资不畅和投资不足,并不是由于财政"挤出效应"的结果,而是由于整体经济态势和体制与制度等方面的原因。

2. 我国的利率形成机制尚未市场化,而货币政策也保持宽松

我国自1996年5月以来,名义利率多次下调,如表4-7和表4-8所示。

表4-7　金融机构法定存款利率(年利率:%)

项目＼日期	1997.10.23	1998.03.25	1998.07.01	1998.12.07	1999.06.10	2002.02.21
个人储蓄存款						
活期	1.71	1.71	1.44	1.44	0.99	0.72
定期						
3个月	2.88	2.88	2.79	2.79	1.98	1.71
6个月	4.14	4.14	3.96	3.33	2.16	1.89
1年	5.67	5.22	4.77	3.78	2.25	1.98
2年	5.94	5.58	4.86	3.96	2.43	2.25
3年	6.21	6.21	4.95	4.14	2.70	2.52
5年	6.66	6.66	5.22	4.50	2.88	2.79
企业单位						
活期	1.71	1.71	1.44	1.44	1.44	未知
定期						
3个月	2.88	2.88	2.79	2.79	1.98	未知
6个月	4.14	4.14	3.33	3.33	2.16	未知
1年	5.67	5.22	3.78	3.78	2.25	未知

资料来源:上海中汇金融信息网(www.cfcc.com.cn)。

表 4-8　金融机构法定贷款利率(年利率:%)

项目＼日期	1996.05.01	1996.08.23	1997.10.23	1998.03.25	1998.07.01	1998.12.07	1999.06.10	2002.02.21
短期贷款								
6个月	9.72[1]	9.18[1]	7.65	7.02	6.57[2]	6.12[2]	5.58[3]	5.04
1年	10.98[1]	10.08[1]	8.64	7.92	6.93[2]	6.39[2]	5.85[3]	5.31
中长期贷款	13.14	10.98	9.36	9.00	7.11	6.66	5.94	未知
1—3年(含3年)	14.94	11.70	9.90	9.72	7.65	7.20	6.03	未知
5年以上	15.12	12.42	10.53	10.35	8.01	7.56	6.21	未知

资料来源:上海中汇金融信息网(www.cfcc.com.cn)。

注:

1. 在法定贷款利率基础上可上浮10%,下浮10%。农村信用社贷款利率最高可上浮40%,下浮10%。

2. 从1998年11月起,金融机构对小企业贷款利率可在法定贷款利率基础上上浮20%,农村信用社贷款利率最高可上浮50%。

3. 从1999年9月起,金融机构对中小企业贷款利率可在法定贷款利率基础上上浮30%。

1996年5月1日至2002年2月21日,中国人民银行连续八次降低人民币存、贷款利率。2002年的利率调整后,存款利率平均下调了0.25个百分点。以一年期存款利率为例,利率由2.25%下调为1.98%,是新中国成立以来的最低点。

尽管名义利率不断下调,但实际利率是上升的。不过,这并不是财政支出扩张带来的结果。由于中国尚不存在名义利率形成的市场化机制和制度,积极(扩张性)财政政策并不会影响名义利率的升降。实际利率的上升主要是因为物价水平下降,而中央银行没有及时随物价变动调整名义利率所致。进一步看,价格水平下降也不是财政支出扩张的结果,相反,积极(扩张性)财政政策在一定程度上反而是抑制物价水平下降的。

2005年之前,我国资本市场和货币市场尚处于发育不完善状态,政府对贷款利率和存款利率还在实行管制。此时,如果由于政府财政支出的增加,经济对流动性的需求也会增加,货币市场也将出现"供不应求"的现象。但这种"供不应求"将主要表现为货币市场上的"信贷配额"现象。私人投资将由于实行信贷配额而受到排挤。我国当时的情况是,政府财政支出的增加,导致了为满足交易动机的货币需求增加。不过,由于人民银行执行了宽松的货币政策,因而没有产生利率上升的压力,也没有形成通过"信贷配额"来维持货币市场均衡的局面。可见,这一时期我国政府财政支出的增加并不会产生很大的“挤出效应”。①

3. 我国政府通过财政投资的项目多为公共品

从实践检验看，我国竞争性经济领域的民间投资大小主要受到民间资本的边际产出（或利润率）和公共投资影响。民间资本边际产出上升会提高民间投资。另外，如果公共资本投向竞争领域，即与民间资本的生产可以相互替代，增加公共投资就会挤出民间投资。我国实行积极（扩张性）财政政策的投资领域主要是高速公路、供水和机场等基础设施（见图 4-6），属于社会公共支出领域，对民间投资不会形成“挤出效应”。相反，基础设施建设还可以提高民间投资的外部效应，提高民间资本的边际生产力，推动民间投资。

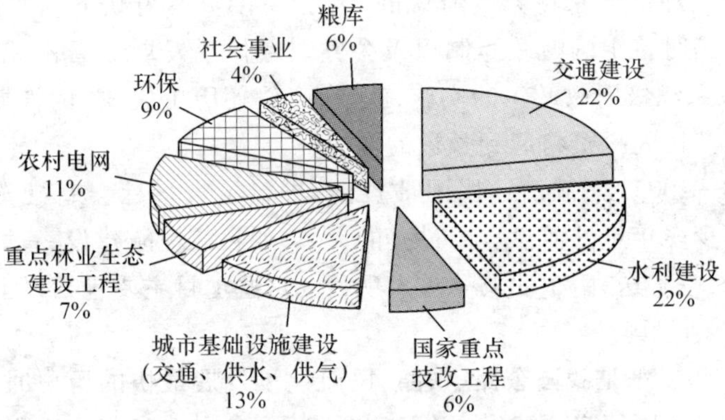

图 4-6 各项投资占 6 600 亿国债的比例

资料来源：财政部内部数据。

一般来说，经济在供大于求的总格局下，有大量闲置的生产能力、生产要素可供利用，而民间投资又不能有效吸引、消化这些闲置的经济资源时，政府投资规模的扩大，不但不会导致“挤出效应”，而且还将对利用闲置资源、促进和带动民间投资的增长产生积极作用。

4.3 我国政府投资的外部效应

4.3.1 我国政府投资多在基础设施方面

1998—2002 年，我国累计发行 6 600 亿元长期建设国债，并带动银行

① 余永定、李军、丛亮：“全面认识财政政策效率”，《经济参考报》，2001 年 5 月 16 日。

贷款和其他社会资金形成3.28万亿元的投资规模。① 国债投资每年拉动经济增长1.5—2个百分点,累计创造就业岗位750万个。

社会基础资本(social overhead capital)是为私人投资部门提供基础设施的投资,包括大规模的先于贸易和商业的工程,如公路、灌溉和引水工程、公众医疗保健事业等。② 这些大型投资往往是整体性的、不可细分的,有的还具有规模效应。而欠发达国家政府所能做的最实际的事情就是,在本国资源允许的最大限度内积累社会基础资本。交通网和通信网对经济效率的贡献极大,能源和电力系统也是如此。③

20世纪80年代以来,我国的基础设施建设一直是经济发展中的"瓶颈",是发展经济学家赫希曼所说的"社会间接资本短缺下的发展"模式。这与我国当时特定的财政体制以及公共财政体系发展滞后不无关系。而1998年以来积极财政政策的实施,就带有"偿还历史欠债"的性质,这对吸引外资以及民间投资将起到长远的作用。

1998—2002年,政府运用国债资金,进行了大量社会基础资本投资,办成了不少多年想办而没有力量办的大事,如长江堤防建设、青藏铁路、西气东输、西电东送、南水北调等重大项目。这些项目主要包括以下几类:

1. 交通设施

1998年以来是我国公路、铁路、民航建设发展最快的历史时期。五年来国家共投入国债交通建设资金1 280亿元,全国铁路营业里程居亚洲第一。高速公路总里程突破2万公里,位居世界第二。建设铁路新线5 500公里,新增公路7.6万公里,改建和新建机场35个,交通运输对经济发展的瓶颈制约基本消除。

2. 城市基础设施

1998—2001年,国家安排766亿元国债资金,用于967个城市基础设施项目建设,总投资额约3 300亿元。到2001年年底累计完成投资2 884亿元,已有717个投资项目建成。新增供水能力2 366万立方米/日,污水处理能力1 161万立方米/日,城市燃气供应能力555万立方米/日,城市道

---

① 朱镕基在十届人大一次会议上的政府工作报告,新华网,2004年3月5日。

② 〔美〕保罗·萨缪尔森、威廉·诺德豪斯:《宏观经济学》,萧琛等译,华夏出版社,1999年,第170页。

③ 〔美〕夏普、雷吉斯特、格里米斯:《社会问题经济学》,郭庆旺、应惟伟译,中国人民大学出版社,2000年。

路1 922公里。[①] 一大批省会城市和地级城市的供水、供气、交通等问题得到有效缓解，居民生活方便了，市容市貌大为改观。

3．农村基础设施

投资2 885亿元进行的农村电网建设与改造，使全国农村到户电价平均每度下降了0.1—0.3元，每年可减轻农民电费负担300多亿元。农村人畜饮水工程建设解决了3 000多万人的饮水困难。村村通广播电视、高校高中扩招、中小学危房改造、血站建设，以及近1 000项城市供水、道路、污水和垃圾处理工程，为提高人民物质和文化生活水平创造了条件。[②]

4．水利建设

五年来，国家累计安排国债资金1 269亿元大搞水利建设，大江大河防洪抗灾能力显著提高。其中，加高加固长江干堤3 576公里，使其抗洪能力显著提高；在长江沿岸实施了平垸行洪、退田还湖、移民建镇工程，除险加固大中型病险水库680个。1999年长江中下游出现的高水位仅次于1998年，沿江堤防出现的险情减少82%。[③]

5．技术改造

据统计，从1998年到2002年底，国家共安排国债技改资金355.4亿元，其中重点安排了冶金、纺织、石化、有色金属、机械、信息产业、轻工、煤炭等重点行业的结构调整和产业升级技术改造项目2 222项（其中2002年1 004项），总投资4 633亿元，其中银行贷款2 893亿元。

大规模的基础设施投资有效带动了相关产业发展，这里以公路建设为例。五年来累计投入国债资金870亿元。这些投入，还带动了银行贷款和地方资金。

1998—2001年，公路行业使用银行贷款总量达3 427亿元，各级地方自筹资金累计投入3 880亿元。全国不通公路的乡镇和行政村由1997年的709个和10.5万个分别下降到2001年的695个和6.9万个。

公路建设的发展，特别是不发达地区的公路建设，必然促进当地的城镇化水平，从而带动当地经济的发展。有关研究表明，在一定时期内，中国公路投资对国内生产总值的最终乘数效应约为2.63，即1个单位的公路建设投资，最终将增加GDP 2.63个单位，当年的乘数效应约为1.27，其他部

① 盖丁、晨星、宏飞、晓伟："今年1400亿国债投向"，中国公路网，2003年3月20日。

② "6 600亿国债投资有力拉动经济增长"，http://www1.cei.gov.cn/hottopic/doc/zteb/200212020910.htm。

③ "从国债投资到优质资产，中国经济走过不寻常道路"，新华网，2002年12月12日。

分表现在以后的各年中。按当年乘数效应作保守测算,1998 年至 2001 年公路建设投资创造的国内生产总值累计超过 10 000 亿元,占同期国内生产总值的 3.4% 左右。①

这种效应体现在多个方面:第一,由于公路行业大量使用中低收入工人和农村劳动力,因而能缓解就业压力,促进消费增长。第二,有助于汽车业的增长。2003 年,国家计委经济研究所中国宏观经济与行业景气预测报告认为,中国汽车业将继续保持产销高增长,30% 以上的汽车消费增长至少可以持续三年。

4.3.2 我国政府投资在人力资本方面的作用

在现代市场经济社会里,几乎所有国家的公共部门,在为全社会提供教育服务和公共卫生保健方面,都起着重要作用。由公共部门开办教育事业和提供卫生保健服务,主要原因包括:

第一,教育具有正外部效应。教育与保健服务既具有公共产品的属性,又具有私人产品的属性,即属于混合产品。受教育者学到知识和技能,得到优良保健服务后,增加了获得收入与享受生活的能力,从这一个角度来看,它具有排他性和消费上的竞争性;但是,个人受了教育后,有助于提高企业的劳动生产率,有助于提高全社会文化水平和文明程度。

第二,教育和公共卫生投入周期长,产出效益又具有滞后性和外溢性,私人和企业一般不愿意主动承担教育和公共卫生投入。

第三,政府积极参与教育事业,使人们接受教育的机会不受财富多少的制约,使社会成员均可以享受到最基本的受教育机会和权利,这有助于社会公平与正义的实现。

第四,资本市场不尽完善,这一点在高等教育中表现得尤为明显。高等教育作为一项长期投资,其收益率大小受个人性格、机遇、健康等不确定因素影响很大,而学生也很难拿出可以接受的担保品。因此,私营信贷机构一般不愿意冒风险为他们提供贷款。此时,现实的选择就是由政府出面,通过免费教育、补贴和教育贷款的方式,来资助学生们完成自己的学业。

美国经济学家卢卡斯通过经验研究发现,印度人均产出是美国的 1/15,两国人力资本水平差异(即人力资本的内部效应)和人力资本外部

① “中国四年积极财政政策‘非常有限’?”,http://business.sohu.com/52/94/article202609452.shtml。

性，分别可以解释两国生产率差异的40%和60%。

阿扎瑞迪斯和德莱森指出，人力资本的收益率会受到人力资本投资与人均收入的相对关系的影响，人力资本投资相对于人均收入水平越高，人力资本的收益率也就越高。[①] 帕萨卡罗泼罗斯（Psacharopoulos）通过实证研究证实，发展中国家教育的收益率要高于发达国家。[②] 从这个意义上讲，我国进行人力资本投资，对经济增长将起到积极的作用。

首先来看教育投资，如表4-9和图4-7所示。

表4-9　我国财政经费用于教育的支出与相关指标的比例，1980—2000年

年份	教育支出（亿元）	占GDP的比例（%）	占财政支出（含债务）的比例（%）	占财政支出（不含债务）的比例（%）
1980	114.15	2.53	9.41	9.29
1981	122.79	2.53	12.01	10.79
1982	137.61	2.60	11.93	11.19
1983	155.24	2.62	12.01	11.01
1984	180.88	2.52	11.70	10.63
1985	226.83	2.53	12.30	11.32
1986	274.72	2.69	11.79	12.46
1987	293.93	2.46	12.00	12.99
1988	356.66	2.39	13.18	14.32
1989	412.39	2.44	13.56	14.60
1990	462.45	2.49	13.40	15.00
1991	532.39	2.46	13.96	15.72
1992	621.71	2.33	14.16	16.61
1993	754.90	2.18	14.28	16.26
1994	1 018.78	2.19	16.17	17.59
1995	1 196.65	2.05	15.54	17.54
1996	1 415.71	2.09	15.24	17.84
1997	1 545.82	2.08	13.86	16.74
1998	1 726.30	2.17	13.13	15.99
1999	1 927.32	2.35	12.71	14.61
2000	2 179.52	2.44	12.40	13.72

资料来源：《中国财政年鉴2002》，第368页。

① Azariadis and Drazen (1990), "Threshold Externalities in Economic Development", *Quarterly Journal of Economics*，转引自李坤望：《经济增长理论与经济增长的差异性》，山西经济出版社，1998年，第122页。

② Psacharopoulos(1985), "Return to Education: A Further International Update and Implication", *Journal of Human Resources*，转引自李坤望：《经济增长理论与经济增长的差异性》，山西经济出版社，1998年，第122页。

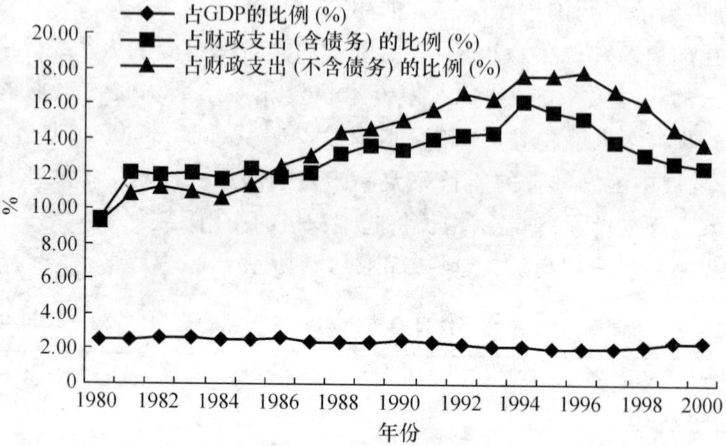

图 4-7　国家财政用于教育的支出与相关指标的比例,1980—2000 年

资料来源:《中国财政年鉴 2002》,第 368 页。

1995 年 9 月开始实行的《教育法》第五十四条规定:"国家财政性教育经费支出占国民生产总值的比例应当随着国民经济的发展和财政收入的增长逐步提高。"从图 4-7 可见,1998—2000 年,教育支出占 GDP 的比重有小幅上升。

但即使如此,这一指标与国际水平相比,仍然是比较低的。世界银行"中国教育考察团"针对我国 1993—1994 年时的情况指出:"中国教育经费支出占 GDP 的比例,与欠发达国家的 2.8%、发展中国家的 4.1% 和发达国家的 5.3% 相比是低的。"① 1998—2002 年,教育支出占财政支出的比重在不断下降。公共教育投资的不足,是未来中国政府必须面对的问题。

再来看医疗卫生体系。

从表 4-10 和图 4-8 可以看出,在我国卫生费用的构成中,居民个人卫生支出所占比重不断增加,而政府预算卫生支出所占比重一直稳定在 15% 左右。事实上,1999 年、2000 年的这一比重还略有下降。

2003 年的"非典"疫情,向现行的公共卫生体系提出了挑战。中国政府应在今后加强这方面的建设。

① 世界银行:《中国高等教育改革》,中国财政经济出版社,1997 年,第 47 页。

表 4-10　卫生总费用及其组成,1995—2001 年

年份	卫生总费用（亿元）	政府预算卫生支出(%)	社会卫生支出(%)	居民个人卫生支出(%)
1995	2 257.8	16.97	32.76	50.27
1996	2 857.2	16.13	29.55	54.31
1997	3 384.9	15.42	27.70	56.87
1998	3 776.5	15.55	26.64	57.81
1999	4 178.6	15.34	25.48	59.18
2000	4 764.0	14.89	24.51	60.59
2001	5 150.3	15.54	24.01	60.45

资料来源:《中国统计年鉴 2003》第 812 页,《中国统计年鉴 2002》。

注:

1. 本表价格按当年计算。
2. 本表卫生费用为测算数。
3. 政府预算卫生支出,指各级政府用于卫生事业的财政预算拨款。
4. 社会卫生支出,指政府预算外的卫生资金投入,主要表现为社会医疗保险。其中包括如企事业单位和乡村集体经济单位举办医疗卫生机构设施建设费、企业职工医疗卫生费、行政事业单位负担的职工公费医疗超支部分等。
5. 居民个人卫生支出,指城乡居民用自己可支配的经济收入支付的各项医疗卫生费用和医疗保险费用。

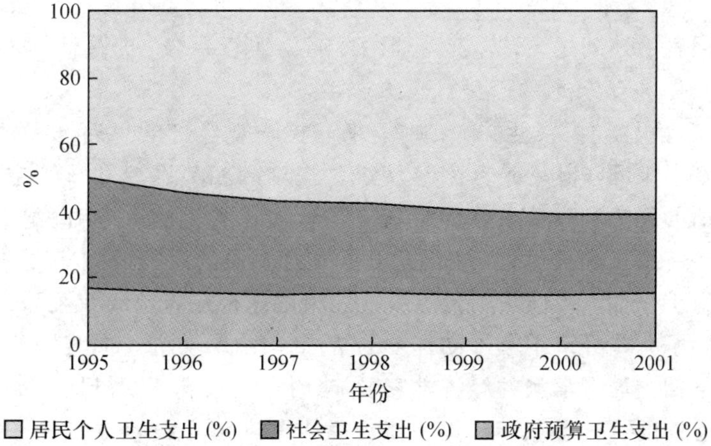

图 4-8　卫生总费用的组成,1995—2001 年

资料来源:《中国统计年鉴 2003》第 812 页,《中国统计年鉴 2002》。

第 5 章

积极(扩张性)财政政策的可持续性问题

积极(扩张性)财政政策是一种针对特定经济形势采取的宏观调控政策。它原本是我国作为平抑经济波动、缓解和预防经济衰退的短期干预政策而出台的。但随着经济形势的变化,该政策的实施过程从1998年起竟持续了六年多。在六年的时间里,我国国债发行额不断增加,财政风险和通货膨胀的压力也日益为人们所关注。这种情况下,在理论上和实践上必然产生该种政策是否可以连续实行的问题,即连续实行积极(扩张性)财政政策的长期效应如何的问题。

5.1 连续实行积极(扩张性)财政政策的客观条件

要回答上述问题,首先必须对在短期内实行积极(扩张性)财政政策的客观条件进行分析。

从实行积极(扩张性)财政政策来调控宏观经济的思路和做法上说,有两个基本来源。其一是西方经济学家提出的相关思想和政策主张。这以凯恩斯的思想和政策主张为最突出的代表。为了解决20世纪30年代的严重经济萧条和危机,凯恩斯提出了政府干预的思想和政策主张,其中又以大力扩张性财政政策为重点。凯恩斯的这种思想和政策主张,在理论上也得到了一些经济学家不同程度的赞同。比如,美国一向赞同经济自由主义的早期芝加哥学派的经济学家,在当时也积极支持凯恩斯式的经济政策。凯恩斯的这种思想和政策主张在后来的经济实践中也得到了相对有效的验证(如美国的"罗斯福新政"的做法就与凯恩斯的主张如出一辙),以至于在二战之后的相当长的时间里成为西方市场经济国家进行宏观经济调控的主要依据。

实行积极(扩张性)财政政策来调控宏观经济的思路和做法,还有另外一个通常被经济学家所忽视的基本来源，那就是社会主义中央计划经济的宏观调控思想和手段。社会主义计划经济产生的初衷之一，就是避免资本主义市场经济中所出现的经济周期波动和萧条。尽管由于种种原因，社会主义计划经济在现阶段未能取得成功，但其实践对宏观调控的思想和做法从另一种角度提供了一些有益启示。以积极的财政政策来调控经济，就是有效的做法之一。尽管我国现在已是社会主义市场经济，但这种宏观调控方式运作机制的条件并未完全消失。

凯恩斯所主张采取的积极（扩张性）财政政策的对象是萧条的市场经济，其直观的客观条件是生产过剩、资金紧缩、总需求不足。其积极（扩张性）财政政策的核心就是以政府财政支出和投资带动社会私人投资和消费，从而扩张总需求，消化过剩的生产能力和产品，使经济恢复正常运转。但对这种财政政策下的政府支出和投资投向何处，除涉及公共工程项目外，凯恩斯的分析并不深入。他只是强调政府可以通过赤字财政政策扩大总需求，对于这种政府干预手段必需的客观条件并未给予详细阐述。

5.1.1 实行积极（扩张性）财政政策的客观条件

实际上，凯恩斯在20世纪30年代提出实施扩张性财政政策时，客观条件是十分明确的，那就是，经济中的资源和生产能力有大量闲置，同时有效需求却是不足的，而且，要有可以进行政府公共投资的具体项目。后来，凡是能够证明这种凯恩斯主义政策具有实际效果的各方面的实践，都表明了这一点。不论是将扩张性财政政策运用于公共工程，还是运用于其他方面，甚至运用于军事生产和开支，都会在有充分资源供给的情况下产生预期作用。20世纪30年代和40年代美国的经济恢复与第二次世界大战也都在一定程度上证明了这一点。2008年4月号的日本《世界》月刊发表了一篇美国加利福尼亚大学圣迭戈分校荣誉退休教授查默斯·约翰逊的文章，题为“军事凯恩斯主义的终结”。文中提到，“军事凯恩斯主义”“是一种相信只要永远继续维持‘战争经济’，增加在军事上的开销，就可以保持经济活力的意识形态”。而美国在这种思维支配下，2008年的国防预算将超过其他所有国家军事预算的总和，而且正在进行的伊拉克战争和阿富汗战争的费用还不计入这一正式预算。[①] 美国战后长期采用“军事凯恩斯主

① 〔美〕查默斯·约翰逊：“‘军事凯恩斯主义’正拖垮美国”，转引自《参考消息》，2008年3月26日，第三版。

义"的结果是,"1990年,武器、机器和军工厂持有的资产价值总额,相当于美国制造业拥有的资产价值的83%"。"进入21世纪后,美国的制造业基础几乎丧失殆尽……现在,从用于放射性治疗的质子加速器等医疗器械到汽车、卡车,所有的大型机械,美国都要依赖进口。"当然,这是凯恩斯主义积极财政政策在不符合凯恩斯理论适用条件下被负面运用的例子。

二战以后,大多数情况下,美国的凯恩斯主义经济学家将扩张性财政政策的做法进一步运用到了有别于20世纪30年代大萧条的环境中。他们提出,只要经济处于"潜在产出水平"以下,就可以继续运用积极的财政政策来维持经济增长。表面上看来,这种政策似乎也成功运作了20年左右的时间。但实际上,由于资源和生产能力的闲置与有效需求不足的条件,在那20年时间里,并非始终具备,而且还存在着一个重要的问题,那就是这种政策只是考虑经济中的总量,而不考虑经济的结构,因此这种做法维持的时间是有限的,而且积累了相应的负面影响。在不断增发大量货币的情况下(获得巨额铸币税的好处诱使政府持续发行货币,而美元作为布雷顿森林体系下唯一的国际主导性货币又可以流到国外积累起来,不至于短期内造成美国国内的通货膨胀),最终出现了"滞胀"的后果。究其原因就在于,资源大量闲置的条件并非一直具备,而且,其运用方向的条件并不充分。在货币相应长期扩张的情况下,最终导致累积的大量货币对应着有限的实际需求,出现通货膨胀。

由此可见,实行积极(扩张性)财政政策需要一些必要的客观条件。这种客观条件不具备,就无法实行积极(扩张性)财政政策。如果这种客观条件长期不具备或不稳定,就无法长期实行或稳定实行积极(扩张性)财政政策。

实行积极(扩张性)财政政策时,合适的运用方向与适当的货币政策的配合,也都是积极(扩张性)财政政策达到理性效果的重要条件。如果运用方向不当,或货币政策配合不当,就难免会产生美国后来出现的通货膨胀后果和经济畸形化后果(比如过分军事化的畸形发展)。

5.1.2 我国实行积极(扩张性)财政政策和持续实行积极(扩张性)财政政策的客观条件

亚洲金融危机后,我国从1998年起连续几年实行了积极(扩张性)财政政策。从我国的情况来看,至少在那几年,我们是具有实行这种政策的客观条件的。这主要是:

一方面,1997 年亚洲金融危机的爆发,使得亚洲和其他一些国家资金紧张、货币贬值,对我国产品和服务的需求骤然发生了大的下降,而我国国内市场的需求由于历史积累的原因和改革开放以来产生的新的问题,一时也难以提高。

另一方面,我国的生产能力从 20 世纪 90 年代中后期开始出现一定程度的相对过剩,特别是消费品、钢铁、建材等相对过剩。

这两个条件与国外实行扩张性财政政策比较有效时的条件相一致,即较大的供给能力和较大的需求缺口同时存在。

再者,从实施扩张性财政政策实际可以运用的客观条件看,需要有一些具体的运用项目。我国是个发展中国家,经济不发达,基础设施短缺、落后的情况比较严重。因此,我国实施扩张性(积极的)财政政策可以较多地运用到公共基础设施建设如修建道路、桥梁、港口、通信和城市基础设施等诸多方面。这对于改善今后经济发展的条件具有积极作用。

鉴于这些客观条件,我国在 1998—2004 年间,是有条件实行积极(扩张性)财政政策的。

从适当的货币政策配合来看,由于我国在这一期间尚不存在物价较大波动的情况,即便采用扩张性货币政策也是可行的,因此,我国在该期间从政策配合角度看,条件也是具备的。

5.2 积极(扩张性)财政政策带来的累积赤字的风险分析

实行积极(扩张性)的财政政策还要考虑财政风险的问题。而考察一国的财政风险,不仅要看政府的显性债务,还要分析其隐性债务。就我国目前的情况而言,相应的国债指标说明显性债务带来的风险并不大,而隐性债务却值得关注。从中长期看,进一步深化改革,保持国民经济的持续稳定发展,各种隐性债务对财政造成的压力将会得到逐步化解。但当前发行国债时,必须考虑到这一因素,为应对突发事件留有余地。

5.2.1 财政风险的理论分析

政府债务不仅包括明确的显性债务,即法律与契约规定的债务,还包括隐性债务,即政府还必须支付由道义责任决定的债务。

学者俞乔曾引用世界银行的专家哈纳·波拉克瓦·布里克斯对政府债务的定义,即包括明确性的政府债务和隐含性债务。明确性的政府债务可分为直接债务和潜在债务两部分。前者包括契约性的内外债务、财政支出、与公务员工资及养老金相关的长期财政开支等。后者包括国家保证的非主权借款(如地方政府、国有机构、政策性银行等单位的借款)、国家对某些信贷的支持(如住宅信贷、教育信贷、农业借贷、扶贫信贷等)、国家对外贸与汇率的保证、国家对重大投资项目的保证、国家保险开支(个人存款保险、农业保险、灾难保险、战争保险等)。

隐含性债务也分为直接债务和潜在债务两大部分。前者包括社会公众未来的养老金和社会保障金、未来的医疗基金、未来的公共工程投资成本等。后者则包含地方政府、国有企业的信用违约,国有企业私有化过程中的债务清偿,银行倒闭的拯救开支,社会保障机构倒闭的拯救费用,中央银行债务违约(如外汇交易契约、维持固定汇率的成本、维持资产负债表平衡的开支),私人资本逆向流动的拯救开支,环境保护开支,灾难开支,等等。

西方国家对由银行业不断恶化的资产质量所引发的银行金融危机,往往明确地界定其债务范围,并为此付出代价。从美国到阿根廷等国,有关当局为解决银行危机付出了相当于其国内资产总值5%—55%的代价。

一般来说,财政风险来自经济活动的不确定性。这种不确定性,既源于政府管理、政策调整,也来自于宏观经济环境以及社会结构的变化。以下任意一种情况的出现都意味着可能发生财政风险:公共资源确定,而支出责任与义务不确定;支出责任与义务确定,而公共资源不确定;两者均不确定。①

哈纳·波兰克瓦·布里克斯提出了一个财政风险矩阵(见表5-1)。

① 刘尚希:“财政风险:一个分析框架”,《经济研究》,2003年第5期。

表 5-1 政府财政风险矩阵

债务	直接债务(在任何条件下存在的债务)	或有负债(在特定事件发生情况下的债务)
显性的(由法律和合约确认的政府债务)	1. 国家债务(中央政府借款和发行的债券) 2. 预算涵盖的开支(非随意性支出) 3. 法律规定的长期性支出(公务员工资和养老金)	1. 国家对非主权借款、地方政府、公共部门和私人部门实体(发行银行)的债务担保 2. 国家对各种贷款(抵押贷款、学生贷款、农业贷款和小企业贷款)的保护性担保 3. 国家对贸易和汇率的承诺担保 4. 国家对私人投资的担保 5. 国家保险体系(存款保险、私人养老基金收入、农作物保险、洪灾保险、战争风险保险)
隐性的(反映公众和利益集团眼里的政府道义责任)	1. 未来公共养老金(与公务员养老金相对) 2. 法律没有作出硬性规定的社会保障计划 3. 法律没有作出硬性规定的未来保健融资计划 4. 公共投资项目的未来日常维护成本	1. 地方政府或公共实体、私营实体非担保债务(义务)的违约 2. 银行破产(超出政府保险以外的救助) 3. 实行私有化的实体债务的清偿 4. 非担保养老基金、就业基金或社会保障基金(对小投资者的保护)的破产 5. 中央银行可能的负净值或对所承担义务(外汇合约、货币保护、国际收支差额)不能履行 6. 其他紧急财政援助(如在私人资本外逃的情况下) 7. 改善环境、灾害救济、军事拨款

资料来源:Hana Polackova Brixi and Allen Schick(2002),*Government at Risk: Contingent Liabilities and Fiscal Risk*, The World Bank。

5.2.2 中国实施积极(扩张性)财政政策以来,直接债务的各项指标

1. 历年国债发行情况

我国历年国债发行情况如表5-2所示。

表5-2 我国历年国债金额,1985—2002年

年份	合计(亿元)	国内债务(亿元)	国外借款(亿元)	国内其他债务(亿元)	总债务增长速度(%)
1985	89.85	60.61	29.24		
1986	138.25	62.51	75.74		53.87
1987	223.55	63.07	106.48	54.00	61.70
1988	270.78	92.17	138.61	40.00	21.13
1989	407.97	56.07	144.06	207.84	50.66
1990	375.45	93.46	178.21	103.78	-7.97
1991	461.40	199.30	180.13	81.97	22.89
1992	669.68	395.64	208.91	65.13	45.14
1993	739.22	314.78	357.90	66.54	10.38
1994	1 175.25	1 028.57	146.68		58.99
1995	1 549.76	1 510.86	38.90		31.87
1996	1 967.28	1 847.77	119.51		26.94
1997	2 476.82	2 412.03	64.79		25.90
1998	3 310.93	3 228.77	82.16		33.68
1999	3 715.03	3 702.13		12.90	12.21
2000	4 180.10	4 153.59	23.10	3.41	12.52
2001	4 604.00	4 483.53	120.47		10.14
2002	5 679.00	5 660.00		19.00	23.35

资料来源:根据《中国统计年鉴2003》第283页的数据计算所得。

注:从1999年开始,国内其他债务项目为债务收入大于支出部分增列的偿债基金。

2. 数据的调整

近年来众多对国债指标的分析,多未对相关的财政数据作适当的调整与处理。实际上,在对国债进行有关指标的计算和比较时,要注意统计口径的统一。这就需要对数据进行调整,调整内容包括:

第一,统计年鉴的数据中,财政支出不包括国内外债务还本付息支出。不过,国家预算制度规定,从2000年起将国债利息支出列入经常性预算,与国债本金分开。这是遵循国际惯例的做法。这样,从2000年起的财政支出中,开始包括国内外债务付息支出。统计年鉴的数据中,"债务还本付

息支出”从2000年起,就成为债务还本支出。付息支出一般列在历年统计年鉴里“财政支出项目”下的子目中。因此,对2000年以后的债务还本付息支出,要进行调整。

第二,我国的收支项目中,有一个很特别的处理办法,那就是“企业亏损补贴”冲减财政收入,而不是计入财政支出中。这不符合国际惯例。因此,要将这一块加入到现有的财政支出中去。这块支出主要包括工业企业、商业企业、粮食企业的补贴。

第三,要考虑到预算外支出。预算外收支是指,国家机关、事业单位和社会团体为履行或代行政府职能,依据国家法律、法规和具有法律效力的规章而收取、提取和安排使用的未纳入国家预算管理的各项财政性资金。

预算外收支的范围主要包括:法律法规规定的行政事业性收费、政府性基金和附加收入等,国务院或省级人民政府及其财政、计划(物价)部门审批的行政事业性收费,国务院及财政部审批建立的政府性基金、附加收入,以及其他未纳入预算管理的财政性资金。社会保障基金在国家财政尚未建立社会保障预算制度以前,先按预算外资金管理制度进行管理,专款专用。财政部门在银行开设统一的专户,用于预算外资金收入和支出管理。部门和单位的预算外收入必须上缴同级财政专户,支出由同级财政按部门预算或预算外资金收支计划和单位财务收支计划统筹安排,从财政专户中拨付,实行收支两条线管理。

不过,由于预算外支出的数据只到2000年,2001年、2002年的数据不可得,因而采用了估算的数据。这在一定程度上影响了数据的比较和使用。

3. 指标的分析

(1) 国债依存度 = 当年国债发行额/全国财政支出。

这一指标中的全国财政支出,应该包括债务还本付息支出、国有企业亏损补贴以及预算外支出(见表5-3)。因此,应根据调整后的数据进行计算。

该指标能在一定程度上反映国家财政对国债的依赖度。目前,日本采用这一非国际公认的指标(见表5-4),警戒线为20%。[①]

① 裴育:“构建我国财政风险预警系统的基本思路”,《经济学动态》,2003年第9期。

表 5-3　国债发行额、财政支出与国债依存度,1997—2002 年

年份	国债发行额(亿元)	财政支出合计(亿元)	国债还本付息支出(亿元)	包含国债还本付息支出的财政支出(亿元)	国有企业亏损补贴(亿元)	预算外支出(亿元)	调整后的财政支出(亿元)	国债依存度(%)
1997	2 476.82	9 233.56	1 918.37	11 151.93	368.49	2 685.54	14 205.96	17.44
1998	3 310.93	10 798.18	2 352.92	13 151.10	333.49	2 918.31	16 402.90	20.19
1999	3 715.03	13 187.67	1 910.53	15 098.20	290.03	3 139.14	18 527.37	20.05
2000	4 180.10	15 886.50	1 579.82	17 466.32	278.78	3 529.01	21 274.11	19.65
2001	4 604.00	18 902.58	2 007.73	20 910.31	300.04	3 970.14 *	25 180.49	18.28
2002	5 679.00	22 053.15	2 563.13	24 616.28	259.60	4 466.40 *	29 342.28	19.35

资料来源:根据《中国统计年鉴 2003》、《中国财政年鉴 2002》整理所得。

注: * 2001 年、2002 年“预算外支出”的公开数据不可得,因此采用前四年的平均增长速度——12.5%,估算出这两年的数字。

1. 调整后的财政支出 = 包含国债还本付息支出的财政支出 + 预算外支出 + 调整后的财政支出。

2. 财政支出不包括国内外债务还本付息支出和国外借款收入安排的基本建设支出,但从 2000 年起,包括国内外债务付息支出。

3. 从 2000 年开始,债务还本付息支出为债务还本支出,债务付息支出计入财政支出中。

4. 包含国债还本付息支出的财政支出 = 财政支出 + 国债还本付息支出。

5. 从 1997 年起,预算外资金支出不包括纳入预算内管理的政府性基金(收费),与以前各年也不可比。因此,采用 1997 年之后的数据作比较分析。

表 5-4　日本的国债依存度(%)

年份	1975	1985	1990	1995	1996	1997	1998	1999	2000
国债依存度	9.4	22.2	8.4	17.7	28.0	21.6	20.0	37.9	38.4

资料来源:日本银行:《日本经济统计年报》,转引自童适平:《战后日本财政和财政政策研究》,上海财经大学出版社,2002 年,第 29 页。

由表 5-3 可以看出，在对财政支出进行调整后，我国 1998—2002 年的国债依存度基本在警戒线下或略有超出。相比日本同期的国债依存度要稳定得多。这样，有些学者的国债依存度大大超出警戒线的说法就值得商榷了。

还有一个指标被广泛引用，即中央财政债务依存度，而且计算下来的数字甚至达到 80% 以上。但实际上，统计年鉴上的中央财政支出仅仅为中央财政本级支出，不包括中央补助地方的支出，而后者往往占中央财政总支出的较大比重。如 1999 年，中央财政总支出实际上应为 8 239.9 亿元，补助地方支出为 4 086.6 亿元，补助支出占到中央总支出的近 50%。[①] 再加上对年鉴上的中央财政支出并未作相应调整，所以往往得出中央财政债务依存度较高的结论。鉴于此，我们认为采用国债依存度更合适。

（2）国债负担率 = 国债余额/当年 GDP。

这一指标广泛用于西方经济发达国家和绝大多数发展中国家，因此具有国际间的可比性。此指标国际公认的警戒线是 45%—60%。

《马斯特里赫特条约》规定的这一指标为 60%。不过，近年来欧盟的情况是，低于 60% 的负担率几乎是不存在的。事实上，大部分国家的负担率为 70% 左右，而比利时甚至达到了 90%。然而，科里果诺和孟兹申克（Colligono & Mundschenk）认为，尽管负债水平可能达不到要求的 60%，但并不会对欧盟公共财政的稳定和持续性构成威胁，因而也就不可能威胁到单一货币市场的持续性。

不少专家指出，由于欧美等发达国家的财政收入占 GDP 的比例一般在 30%—40%，国债的负担率约为该比例的 1.5—2 倍。而目前我国政府总收入占 GDP 的比例大约为 20%—25%。邓子基（2005）曾推算，我国国民可以承受的国债负担率应在 40%—50%。

目前，关于国债余额的数字，说法很不一致。这其实涉及国债余额的计算方法问题。国债余额应该是，已发行国债的本息和减去已偿还的本利和。不过，这方面的数据很难找到。因此，这里采取了另一种计算方法：国债发行额减去国债的本金偿还额（见表 5-5）。

① 彭志远："现阶段我国政府债务"警戒线"的反思及债务风险的防范"，《管理世界》，2002 年第 11 期。

表 5-5　国债余额与国债负担率,1979—2002 年

年份	国债发行额（亿元）	本金偿还额（亿元）	年底国债余额（亿元）	GDP（亿元）	国债负担率（%）
1979	70.52		70.52	4 038.2	1.75
1980	73.03	20.61	122.94	4 517.8	2.72
1981	147.81	42.57	228.18	4 862.4	4.69
1982	84.18	39.91	272.45	5 294.7	5.15
1983	93.20	27.35	338.30	5 934.5	5.70
1984	76.97	16.75	398.42	7 171.0	5.56
1985	90.54	25.50	463.46	8 964.4	5.17
1986	113.70	29.49	547.67	10 202.2	5.37
1987	185.84	49.47	660.92	11 962.5	5.52
1988	217.72	45.28	811.25	14 928.3	5.43
1989	244.64	35.25	1 032.12	16 909.2	6.10
1990	211.53	123.04	1 170.23	18 547.9	6.31
1991	299.15	168.77	1 339.13	21 617.8	6.19
1992	479.09	297.51	1 519.28	26 638.1	5.70
1993	447.03	190.59	1 801.87	34 634.4	5.20
1994	1 174.09	358.98	2 659.80	46 759.4	5.69
1995	1 549.75	528.63	3 853.96	58 478.1	6.59
1996	1 968.01	811.99	4 985.47	67 884.6	7.34
1997	2 477.08	1 301.96	6 120.83	74 462.6	8.22
1998	3 890.93	1 523.11	8 442.32	78 345.2	10.78
1999	3 715.03	1 291.39	10 948.61	82 067.5	13.34
2000	4 180.10	1 579.82	13 548.89	89 468.1	15.14
2001	4 604.00	2 007.73	16 145.16	97 314.8	16.59
2002	5 679.00	2 563.13	19 261.03	104 790.6	18.38

资料来源:中国债券信息网(www.chinabond.com.cn),2002 年 8 月 29 日,《中国统计年鉴 2003》第 283、287 页。

注:

1. 年底国债余额的计算方法为:本年年底国债余额 = 本年国债发行额 + 上年年底国债余额 - 本年本金偿还额。

2. 1979—1998 年的国债发行额、本金偿还额,1999 年本金偿还额均来自中国债券信息网(www.chinabond.com.cn),2002 年 8 月 29 日,原债券信息网计算年底国债余额似有误,现有的数字为按 1 的计算方法重新计算所得,但两者出入并不大。

3. 1999 年的国债发行额,2000—2002 年的国债发行额、本金偿还额来自《中国统计年鉴 2003》第 283、287 页。

4. 1998 年的国债发行额、国债余额中均含有 580 亿元转贷地方国债,但不包括 2 700 亿元特别国债。

5. 1999 年的国债发行额、国债余额均含有 300 亿元转贷地方国债。

图 5-1 更为直观地演示出国债负担率的变化。

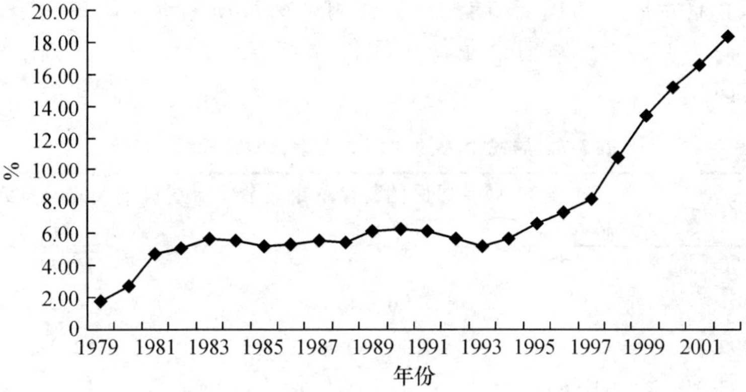

图 5-1 国债负担率,1979—2002 年

资料来源:中国债券信息网(www.chinabond.com.cn),2002 年 8 月 29 日,《中国统计年鉴 2003》第 283、287 页。

由图 5-1 可见,虽然自 1998 年以来,国债负担率上升得较快,但并没有超过警戒线。与不少发达国家相比(见表 5-6),我国的这一指标并不大。

表 5-6 发达国家的国债负担率(%)

国家	1980	1981	1982	1983	1984	1985	1986	1987	1988	1989	1990	1991
澳大利亚	17.1	16.2	15.0	15.5	17.8	18.6	18.6	17.5	14.8	12.9	11.0	
奥地利	19.0	19.0	2.1	24.2	27.5	30.2	34.6	8.7	39.3	40.3	40.4	
加拿大	24.9	25.2	28.7	33.2	36.1	39.7	41.0	42.0	43.5	44.4	46.8	
丹麦	23.9	32.9	43.5	53.1	58.4	58.4	52.5	49.2	48.1	48.7	50.5	
芬兰	4.0	4.0	4.7	6.0	6.3	6.4	0.0	7.6	7.2	6.1	6.1	
法国		16.8	19.2	20.5	22.3	23.9	24.3	25.7	26.5	27.7	28.6	28.5
德国		18.5	20.1	21.5	22.0	22.7	22.8	22.9	23.9	23.4	24.4	24.2
希腊						24.3	25.0	31.6	40.7	48.1	5.8	
爱尔兰		56.4	56.3	59.1	64.4	67.3	65.7	69.0	69.1	64.0	62.5	60.3
意大利						69.8	72.7	75.9	78.2	81.1		
荷兰		31.8	37.8	44.5	49.4	53.1	53.9	56.6	60.1	60.3	60.9	61.7
新西兰			28.0	30.8	34.6	35.7	30.9	33.4	32.3	30.0	27.5	27.5
挪威	29.6	24.8	22.8	23.1	25.3	28.5	36.8	27.7	25.8	25.7	22.6	
瑞典		42.2	48.2	51.1	53.6	54.0	53.4	48.7	45.4	40.9	40.2	44.2
瑞士		17.1	16.9	16.4	17.2	17.2	15.9	15.2	14.6	13.2	12.9	13.7
英国						44.7	44.0	42.0	38.4	35.1	34.0	
美国	34.3	33.9	38.0	41.6	44.2	48.5	52.4	54.1	55.3	56.7	61.6	

资料来源:摘自《国债管理运作实务全书》,转引自中国债券信息网(www.chinabond.com.cn),2002 年 9 月 25 日。

(3) 居民个人的国债负担率 = 国债余额/居民储蓄存款余额。

该指标反映了居民应债能力,主要用来衡量债务资金的供给情况(见表 5-7)。一般认为,国债余额低于居民储蓄存款余额,即二者比率小于 100% 即可。

表 5-7 居民个人的国债负担率,1990—2002 年

年份	国债余额(亿元)	城乡居民储蓄存款年底余额(亿元)	居民个人的国债负担率(%)
1990	1 170.23	7 119.8	16.44
1991	1 339.13	9 241.6	14.49
1992	1 519.28	11 759.4	12.92
1993	1 801.87	15 203.5	11.85
1994	2 659.80	21 518.8	12.36
1995	3 853.96	29 662.3	12.99
1996	4 985.47	38 520.8	12.94
1997	6 120.83	46 279.8	13.23
1998	8 442.32	53 407.5	15.81
1999	10 948.61	59 621.8	18.36
2000	13 548.89	64 332.4	21.06
2001	16 145.16	73 762.4	21.89
2002	19 261.03	86 910.6	22.16

资料来源:国债余额来自表 5-5,城乡居民储蓄存款年底余额来自《中国统计年鉴 2003》第 344 页。

从表 5-7 可见,居民个人的国债负担率自 1998 年以来有所上升,但最高也没有超过 25%。仅从这一指标考察,国债的发行空间还是较大的。

(4) 偿债率 = 当年国债还本付息额/当年财政收入。

偿债率表明财政当期收入用于偿还到期本金和利息的压力(见表 5-8)。一般认为,这一指标应控制在 8%—10% 之间。

分析偿债率时,发现这一指标偏高。自 1995 年以来,历年指标均超过警戒线(见图 5-2)。不过,不少学者认为,这主要是由于我国政府财政收入占 GDP 的比重较低。而财政的债务承受能力与财政收入在国民经济中的比例有关。因此,问题不在于减少国债发行量,而在于增加财政收入总量。

表 5-8　国债偿债率,1990—2002 年

年份	国家财政债务还本付息支出（亿元）	付息支出（亿元）	调整后的国债还本付息支出（亿元）	财政收入（亿元）	国债偿债率（%）
1990	190.07		190.07	2 937.10	6.47
1991	246.80		246.80	3 149.48	7.84
1992	438.57		438.57	3 483.37	12.59
1993	336.22		336.22	4 348.95	7.73
1994	499.36		499.36	5 218.10	9.57
1995	882.96		882.96	6 242.20	14.15
1996	1 355.03		1 355.03	7 407.99	18.29
1997	1 918.37		1 918.37	8 651.14	22.17
1998	2 352.92		2 352.92	9 875.95	23.82
1999	1 910.53		1 910.53	11 444.08	16.69
2000	1 579.82	730.90	2 310.72	13 395.23	17.25
2001	2 007.73	798.97	2 806.70	16 386.04	17.13
2002	2 563.13	678.55	3 241.68	18 903.64	17.15

资料来源:《中国统计年鉴 2003》、《中国财政年鉴 2002》。

注:

1. 国债偿债率 = 调整后的国债还本付息支出/财政收入。
2. 从 2000 年开始,债务还本付息支出为债务还本支出。
3. 2000 年、2001 年的付息支出来自《中国财政年鉴 2002》第 381 页。
4. 2002 年的付息支出来自《中国统计年鉴 2003》第 292 页。

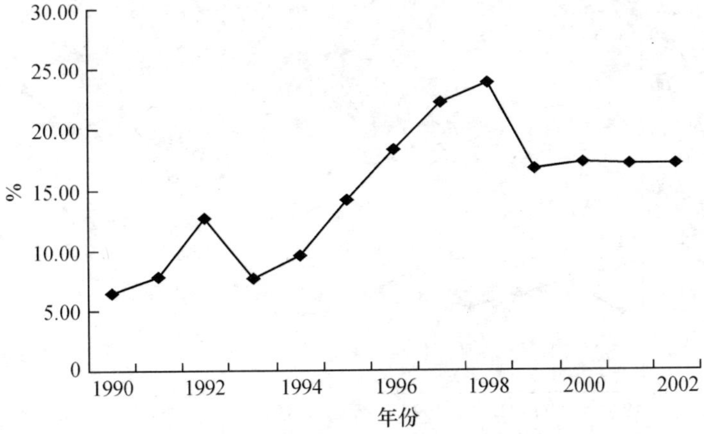

图 5-2　国债偿债率,1990—2002 年

资料来源:《中国统计年鉴 2003》、《中国财政年鉴 2002》。

（5）赤字率 = 赤字/当年 GDP。

《马约》规定的欧洲经济与货币联盟入围国家的这一比重为 3% 以内，我们可以此为参照来分析我国的赤字状况（见表 5-9、图 5-3）。

表 5-9　赤字率，1990—2002 年

年份	财政赤字（亿元）	GDP（亿元）	赤字/GDP（%）
1990	146.49	18 547.9	0.79
1991	237.14	21 617.8	1.10
1992	258.83	26 638.1	0.97
1993	293.35	34 634.4	0.85
1994	574.52	46 759.4	1.23
1995	581.52	58 478.1	0.99
1996	529.56	67 884.6	0.78
1997	582.42	74 462.6	0.78
1998	922.23	78 345.2	1.18
1999	1 743.59	82 067.5	2.12
2000	2 491.27	89 468.1	2.78
2001	2 516.54	97 314.8	2.59
2002	3 149.51	104 790.6	3.01

资料来源：《中国统计年鉴 2003》。

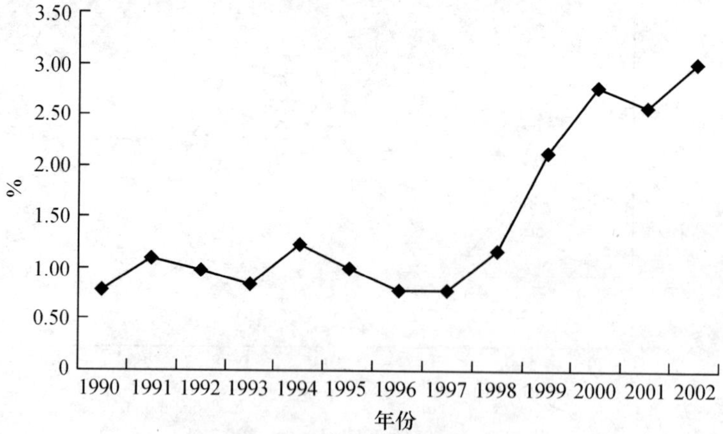

图 5-3　赤字率，1990—2002 年

资料来源：《中国统计年鉴 2003》。

由图 5-3 可见,我国自实施积极财政政策以来,财政赤字率不断提高。不过,只有 2002 年赤字率略为超过 3%,其余年份的指标都控制在警戒线以内。

(6) 常用的外债指标包括:外债偿债率 = 偿还外债本息/当年贸易和非贸易外汇收入(国际收支口径);外债负债率 = 外债余额/当年国民生产总值;外债债务率 = 外债余额/当年贸易和非贸易外汇收入(国际收支口径);以及外债余额占外汇储备的比例(见表 5-10、图 5-4)。

表 5-10 外债风险指标(%):1985—2002 年

年份	偿债率	负债率	债务率
1985	2.7	5.2	56.0
1986	15.4	7.3	72.1
1987	9.0	9.4	77.1
1988	6.5	10.0	87.1
1989	8.3	9.2	86.4
1990	8.7	13.5	91.6
1991	8.5	14.9	91.9
1992	7.1	14.4	87.9
1993	10.2	13.9	96.5
1994	9.1	17.1	78.0
1995	7.6	15.2	72.4
1996	6.0	14.2	67.7
1997	7.3	14.5	63.2
1998	10.9	15.2	70.4
1999	11.3	15.3	69.5
2000	9.2	13.5	52.1
2001	7.5	14.7	56.8
2002	7.9	13.6	46.1

资料来源:《中国统计年鉴 2003》第 301 页。

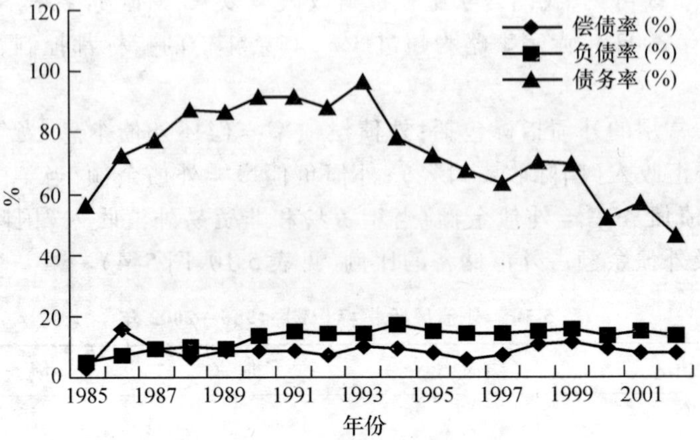

图 5-4　外债风险指标，1985—2002 年

由图 5-4 可见，我国政府在发行外债时，还是比较审慎的。1998—2002 年，偿债率和负债率都维持在较为稳定的水平。而债务率在这期间，还呈现出稳步下降的态势。

再考察外债余额与外汇储备的比例，如表 5-11 所示。

表 5-11　外债余额占外汇储备的比例，1997—2002 年

年份	外债余额（亿元）	外汇储备（亿元）	外债余额占外汇储备的比例（%）
1997	1 309.60	1 398.90	93.62
1998	1 460.43	1 449.60	100.75
1999	1 518.30	1 546.75	98.16
2000	1 457.30	1 655.74	88.02
2001	1 701.10	2 121.65	80.18
2002	1 685.38	2 864.07	58.85

资料来源：根据《中国统计年鉴 2003》第 301、706 页的数据计算所得。

外债余额占外汇储备的比例呈现逐步下降的趋势（见图 5-5），这也体现了我国政府发行外债的审慎态度。

综上所述，可以看出，从国债依存度、负担率、居民应债能力、赤字率等几个指标来衡量，我国国债的应债能力还比较强，国债的发行还有一定空间。不过，偿债率偏高，说明政府的其他收入形式有待加强；同时，国债的期限结构也有待优化。至于我国的外债风险，一直控制得较好。

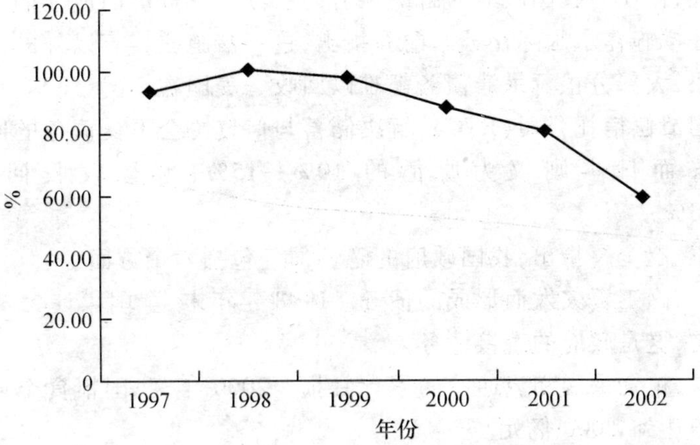

图 5-5　外债余额占外汇储备的比例,1997—2002 年

资料来源:根据《中国统计年鉴 2003》第 301、706 页的数据计算所得。

5.2.3　经济转型期,隐性债务不容忽视

处于转型时期的我国经济,财政风险不仅仅反映在账面数字上。因此,仅仅考虑直接债务是远远不够的。诸多隐性债务的存在加大了财政风险,现在对这一数字的估计主要有以下几种观点①:

中国社科院经济研究所认为,国家的广义负债包括政府明确的契约性债务(政府国债与外债)与部分隐含的潜在债务(银行的不良信贷、养老支出缺口)。他们估计,广义负债与 GDP 的比例在 1998 年年底已达到 50%。

美国布鲁金斯研究所的拉迪(Lardy)估计,中国政府的全部债务已高达 1 万亿美元,与 GDP 之比达到 100%。

俞乔估计中国政府 1999 年的静态全部债务存量,为 GDP 的 50%—60%。其中国内负债占大部分,约为 GDP 的 15%。在全部外债中,近 1/3 是低息的外国政府和国际金融组织贷款,真正的国际商业债务占 GDP 的 10% 左右。考虑到我国产生巨额债务的基本因素还在进一步恶化,例如日益严重的国有企业负债清偿问题、社会保障与养老支出的急剧上升、银行资产质量的不断下降、对非银行金融机构拯救性开支的增加等,中央政府的国内负债将有较大幅度的膨胀,它与 GDP 的动态比例将达到更高的水平。

---

① 参见浙江财经学院课题组:"我国政府隐性债务风险研究",《财经论丛》,2002 年第 1 期。

此外,他还对我国政府为解决银行的巨额不良资产而成立四家资产管理公司等措施作了国际比较。俞乔指出,这一措施在美英以外的国家效果极为有限,大部分银行呆滞债务都难以回收。美国在20世纪90年代初成立的美国清偿信托公司(RTC),解决储蓄与信贷协会不良债务的回收率达到55%;而日本则仅为原值的10%—15%;泰国仅收回原值的14%—33%。

贾康、赵全厚指出,我国政府的隐性债务包括六个方面:

第一,因工资欠发而形成的债务。1998年年末,全国累计欠发工资32亿元左右,这是政府的直接债务。

第二,粮食采购和流通中的累计亏损。2000年,我国粮食企业挂账亏损累积额达到2 000亿元。

第三,国有银行的不良贷款形成的国家隐性债务。到2001年年底,四家国有独资商业银行贷款为7万亿元,不良贷款为17 656亿元。据调查,在不良贷款中,约有6 000多亿元将成为实际损失,占全部贷款的8%。

第四,其他公共部门债务,包括未纳入预算的国务院有关部委以政府名义从世界银行、亚洲开发银行、外国政府借入的政府主权外债,未纳入预算的转贷地方建设国债,以及政策性金融债务等。1999年,国家开发银行债务累积额已达4 889亿元,铁路总债务约为1 000亿元左右。

第五,社会保障资金支付缺口。随着市场经济的发展,我国的社会保障制度发生重大变化,从现收现付制转向逐步积累模式,这就产生了对原有职工的偿债问题。世界银行早些时候的研究估计,1994年我国隐性养老金债务为当年GDP的46%—49%左右。由国家体改部门与国外保险机构联合进行的一项课题研究估测,近年我国养老金隐性债务累积规模按相关因素的中值为计算依据,也要高达37 000亿元人民币左右。

第六,供销社系统及农村互助合作基金坏账中需财政"兜底"的部分。

如果考虑上述债务,那么我国政府显性、隐性合计的债务规模在4万亿—5万亿元人民币以上。按照1998年GDP总值约8万亿元人民币计,总体债务负担率已在50%以上。若按保守一些的估计,总体债务负担率也要接近50%。①

世界银行估计,我国显性、隐性债务规模总量占GDP的比重则在75%—100%之间。2000年,我国GDP总量突破1万亿美元,则隐性债务

① 贾康、赵全厚:"国债适度规模与我国国债的现实规模",《经济研究》,2000年第10期。

在7 500亿—10 000亿美元之间。

实际上，学术界提到的各种政府隐性债务问题，如银行的不良贷款、养老金债务、地方政府债务等，是多年来国民经济运行累积起来的，其形成原因是多方面的：有的是正常债务的运转，有的是新旧体制转轨过程必须付出的代价，有的是决策与管理不善而造成的资产损失等。它们只是一种静态的可能性分析。政府真正负担多少，何时负担，是一个动态的可变化过程，它取决于国家整体经济实力和控制经济风险的能力。宏观经济运行状况越好，国家控制和化解经济风险的能力越强，各种债务转化为财政风险的压力就越轻；反之就越重。[①]

朱镕基曾说过："所谓'财政或有债务'问题，这是一个多年累计且由理论推算的概念，真正直接归于财政，以及可分摊到年度财政的债务是很有限的。当然，不能说绝对没有一点风险。在平常时期，财政风险包括金融风险是完全可以避免和加以有效控制的。但是如果出现突发性、影响国家信用的重大事件，风险就相当大，对此需要引起重视。"因此，从中长期看，进一步深化改革，保持国民经济持续稳定发展的态势，各种隐性债务对财政造成的压力将会得到逐步化解。随着财政收入的稳定增加，将为偿还政府债务提供有力的保障。当前适当扩大财政赤字和债务规模，不会引发政府债务危机，但必须为应对突发事件留有余地。

值得注意的是，隐性债务不是我国特有的现象。据阿瑟·安德森公司估计，在考虑隐蔽债务的情况下，美国的国债是官方数字的3倍。[②]

5.3 积极(扩张性)财政政策可能引起的通货膨胀的风险分析

2003年，年初的"非典"使刚刚复苏的我国经济遭遇了意外冲击。然而，"非典"结束后，物价形势在经过14个月负增长后，于2003年上半年实现了由负到正的转变；银行贷款出现了近年来罕见的大幅增长；投资需求也在迅猛增长；一些地区甚至出现了原材料供应短缺的局面。2003年7

---

① 丛明："关于积极财政政策若干问题讨论述评"，《经济纵横》，2001年第4期。

② 〔美〕罗伯特·霍尔、约翰·泰勒：《宏观经济学》，张帆等译，中国人民大学出版社，2000年。

月15日,美联储主席格林斯潘在国会听证会上,也发表了"中国需要控制货币供应量的增长,以避免出现通货膨胀"的观点。

5.3.1 投资大量增加

从表5-12可以看出,2003年1—11月,固定资产投资完成额比去年同期增长29.6%。而且,民间投资增长较快。从资金来源来看,预算内资金仅增长3.2%,国内贷款和自筹资金却有大幅度增长。这说明,民间投资已然启动,积极财政政策拉动投资需求的目标已经达到。

表5-12 固定资产投资情况,2003年1—11月

指标名称	实际完成(亿元)		比去年同期增减	
	2003年1—11月	2002年1—11月	绝对数(亿元)	%
投资完成额	34618.03	26711.36	7906.67	29.6
一、按计划管理分				
基本建设	18057.50	14200.40	3857.10	27.2
更新改造	6832.98	5133.84	1699.14	33.1
房地产开发投资	8284.81	6254.81	2030.00	32.5
其他投资	1442.74	1122.31	320.43	28.6
二、按隶属关系分				
中央项目	4152.93	4823.68	-670.75	-13.9
地方项目	30465.10	21887.68	8577.42	39.2
三、按建设性质分				
新建	13344.27	10071.10	3273.17	32.5
扩建	7785.73	5952.39	1833.34	30.8
改建	3939.25	3428.42	510.83	14.9
四、按资金来源分				
国家预算内资金	2006.47	1944.25	62.22	3.2
国内贷款	8960.08	6166.61	2793.47	45.3
利用外资	1815.38	1411.65	403.73	28.6
自筹资金	18191.07	12408.64	5782.43	46.6

资料来源:"中国统计数据",中国网(www.china.org.cn)。

5.3.2 物价上涨趋势明显

进入2003年10月,与百姓生活息息相关的食品开始涨价,包括小麦、食用油、鸡蛋等。到了年底,全国电力开始告急,缺电现象严重。

从表5-13中可见,与之前几个月相比,2003年8—10月,农产品、矿产品与煤油电的价格均有较大幅度的上升。

表 5-13　企业商品价格指数,2003 年 1—10 月(以上年同月为 100)

年月	总指数	农产品	矿产品	煤油电	加工业产品
2003.01	100.59	99.29	102.08	113.65	99.48
2003.02	101.01	97.72	102.55	115.78	100.39
2003.03	101.74	99.93	103.20	115.31	100.72
2003.04	101.59	100.33	103.09	113.02	100.63
2003.05	100.97	99.42	103.48	108.14	100.58
2003.06	100.83	99.39	103.88	106.55	100.54
2003.07	101.49	101.12	103.81	106.70	100.91
2003.08	101.91	102.38	103.43	106.38	101.17
2003.09	102.17	103.52	104.21	106.22	101.14
2003.10	103.67	106.88	105.65	104.17	102.46

资料来源:2003 年"报告与统计数据",中国人民银行网站。

表 5-14 列出了 2003 年 11 月的居民消费价格指数和农业生产资料价格指数。

表 5-14　全国物价指数,2003 年 11 月(以上年同期为 100)

指标名称	全国		城市		农村	
	11 月	1—11 月	11 月	1—11 月	11 月	1—11 月
居民消费价格指数	103.0	101.0	102.4	100.8	103.9	101.3
(一) 食品类	108.1	103.0	107.6	103.0	109.1	102.8
粮食	110.8	101.3	110.6	101.4	111.1	101.1
肉禽及其制品	112.4	102.5	112.0	102.0	113.0	103.5
蛋	114.4	97.1	115.1	96.8	112.9	97.7
水产品	102.2	100.1	101.8	100.3	102.9	99.6
鲜菜	119.4	120.5	119.2	121.2	119.8	117.7
在外用餐						
(二) 烟酒及用品	100.4	99.8	100.4	99.7	100.5	99.9
(三) 衣着	98.3	97.7	98.1	97.4	98.9	98.6
(三) 家庭设备用品及服务	97.7	97.4	97.3	97.0	98.8	98.3
(四) 医疗保健及个人用品	101.3	100.8	100.4	99.8	102.8	102.4
(五) 交通和通信	97.5	97.8	96.9	97.4	98.7	98.6
(六) 娱乐教育文化用品及服务	101.2	101.3	100.4	100.5	102.5	102.8
(七) 居住	103.1	102.0	102.7	102.8	103.8	100.7
农业生产资料价格指数	102.9	101.1			102.9	101.1

资料来源:"中国统计数据",中国网(www.china.org.cn)。

由表 5-15 可知,1998 年以来居民消费价格指数一直未超过 101,因此,2003 年 11 月的物价变化值得关注。

表 5-15 居民消费价格指数,1998—2002年(以上年为100)

年份	1998	1999	2000	2001	2002
居民消费价格指数	99.2	98.6	100.4	100.7	99.2

资料来源:《中国统计年鉴2003》第313页。

5.3.3 货币供应量增加

由表5-16,2003年9月末,广义货币 M_2 余额21.4万亿元,同比增长20.7%。其中,一季度末增长18.5%,二季度末增长20.8%,最高时的8月末达21.6%。狭义货币 M_1 余额7.9万亿元,同比增长18.5%。流通中现金 M_0 余额1.8万亿元,同比增长12.8%。前三季度,现金累计净投放1028亿元,同比多投放484亿元。广义货币 M_2 和狭义货币 M_1 增速分别比年初高3.9和1.7个百分点,广义货币 M_2 增速比同期经济(GDP)增长与消费物价(CPI)涨幅之和高11.5个百分点。①

表 5-16 货币供应量,2002年12月—2003年11月

年	月	余额(亿元)			比去年同期增长(%)		
		流通中现金	狭义货币	广义货币	流通中现金	狭义货币	广义货币
2002	12	17278.0	70881.8	185007.0	10.1	16.8	16.8
2003	1	21244.7	72405.7	190488.3	27.0	19.5	19.3
	2	17937.2	69756.6	190108.4	7.8	18.8	18.1
	3	17106.5	71438.8	194487.3	10.1	20.1	18.5
	4	17441.0	71321.0	196130.0	9.9	18.0	19.2
	5	17115.0	72778.0	199505.0	12.3	18.8	20.2
	6	16956.9	75923.2	204907.4	12.3	20.2	20.8
	7	17362.0	76153.0	206193.0	13.7	20.0	20.7
	8	17607.0	77033.0	210592.0	12.1	18.8	21.6
	9	18306.4	79163.9	213567.1	12.8	15.5	20.7
	10	18251.0	80267.0	214469.0	14.0	19.6	21.0
	11	18440.0	80815.0	216352.0	12.8	18.9	20.4

资料来源:"中国统计数据",中国网(www.china.org.cn)。

5.3.4 信贷扩张加快

2003年9月末,金融机构(含外资,下同)本外币贷款余额16.7万亿元,比年初增加2.7万亿元,同比多增加1.3万亿元。其中,人民币贷款余

① 《中国货币政策执行报告(2003年第三季度)》。

额比年初增加 2.5 万亿元,比去年全年贷款余额增加量还多 6 240 亿元,同比多增 1.1 万亿元;外汇贷款比年初增加 238 亿美元,同比多增加 179 亿美元。

2003 年,在人民币新增贷款中,一季度为 8 082 亿元,同比多增 4 758 亿元;二季度为 9 728 亿元,同比多增 4 752 亿元。"非典"之后,人民银行加强了对货币信贷总量的调控,从第三季度开始,金融机构贷款多增态势开始减缓。当季金融机构人民币贷款增加 6 905 亿元,比第二季度少增 2 823 亿元,但仍比去年同期多增 1 664 亿元。对此央行的评价是,金融机构贷款增速总体仍然偏快。①

5.3.5 货币政策由宽松转为紧缩,对财政政策造成压力

2003 年 6 月 13 日,中国人民银行下发了《关于进一步加强房地产信贷业务管理的通知》,即 121 号文件。文件要求各商业银行严控开发贷款、严控土地储备贷款、严防建筑贷款垫资、加强个人住房贷款管理。这就意味着,央行在房地产开发过程中可能获取资金的所有渠道,都设了关卡,此举引起房地产业界哗然。

2003 年 8 月 23 日,中国人民银行决定从当年 9 月 21 日起,提高存款准备金率 1 个百分点,即存款准备金率由现行的 6% 调高至 7%。摩根士丹利全球首席经济师史蒂芬·罗奇认为,调高存款准备金的举措已见成效。2003 年前三个季度,银行借贷平均每月增长 2 750 亿元人民币,10 月和 11 月大幅度下降,平均仅增长 800 亿元人民币。②

不过,准备金的调整使债市出现了大幅度的下跌。由于资金面紧张,债市回购利率和拆借利率大幅上升,现券价格狂跌,结果导致两期记账式国债发行的困难。记账式(第 8 期)国债近三分之一流标,记账式(第 9 期)国债紧急叫停。而第四季度仍有近 2 000 亿元的国债需要发行。

迫于压力,财政部不得不选择短期、高息的国债品种。2003 年 11 月 20 日,财政部面向社会发行 600 亿元的凭证式国债。该期国债是 2000 年以后首次发行的一年期和两年期短期品种。另外,该期国债发行利率与同期定期存款利率相同。由于国债收益的免税特点,本期国债利率相当于比定期存款利率高出 20%。而之前发行的国债,利率往往低于同期定期存

① 《中国货币政策执行报告(2003 年第三季度)》。
② 中国经济学教育科研网(www.cenet.org.cn),2003 年 8 月。

款利率。例如 2003 年发行的三年期和五年期国债,分别比同期定期存款利率低 0.2 和 0.16 个百分点。

发行短期、高息的国债品种,增大了财政部的偿债压力。在对宏观经济形势的判断上,两大重要调控部门的认识并不完全同步。这说明财政政策与货币政策的配合有待改善。

5.4 财政投资效益较低削弱了其应有的扩张经济的效应

我国连续六年进行大规模国债投资,制约经济发展的"瓶颈"得到一定程度上的缓解。而在一些地方,基础设施和基础建设已经超前和过剩。

2003 年,国家审计署对 18 个重点机场和 38 个支线机场建设管理情况进行了审计,发现已竣工投产的 12 个重点机场中有 9 个亏损,累计亏损额 14.46 亿元,38 个支线机场中有 37 个亏损,2000—2001 年度累计亏损 15.27 亿元,主要原因是投资建设与经营管理相脱节,缺乏决策责任机制和风险约束机制,统筹规划不够,布局不合理;建设规模和标准脱离实际,过度超前。2001 年,38 个支线机场旅客吞吐量仅为可行性研究报告同期预测值的 1/4。显然,如果再继续大规模发行国债、增加投资,可能会导致投资结构不合理,边际效益降低,资金严重浪费。①

增发国债、扩大财政支出和财政投资,终归是一种政府行为,会强化政府在资源配置中的作用。大多数国债项目是在国家计划、财政等部门的主导下进行立项、审批和建设的,具有较强的行政性和计划性。过多地兴建这类项目,容易导致政府部门对经济运行进行过多的干预,导致旧体制的复归,不利于我国市场化的改革取向和政府职能转变。目前,国债项目中已经暴露出"跑部钱进"、腐败寻租、资金挪用等诸多问题。

2003 年,国家审计署对 15 个省(区、市)国债资金管理使用情况进行了审计,发现一些国债项目损失浪费、效益低下。9 个省的 37 个污水处理项目,总投资额 58.41 亿元,其中使用国债资金 19.95 亿元。但由于前期准备不充分、配套资金不到位以及运行费用不足等原因,有 15 个项目未按

---

① 中共中央党校经济学部《财政政策与财政体制改革研究》课题组:"对我国财政政策和财政体制改革的几点思考",《理论动态》,2003 年 9 月 30 日。

计划完工或开工;16 个已完工项目中,有 7 个达不到设计要求,还普遍存在配套设施落后于主体工程建设的问题,造成设备闲置,项目整体效益难以发挥。有些项目管理混乱,少数人员涉嫌私分国债资金。[①] 我国社会主义市场经济还不完善,政府过多地介入资源配置,不利于市场机制在资源配置中发挥基础性的作用。

政府必须注重提高财政政策效率,否则就会给经济稳定增长带来隐患。20 世纪 90 年代以来,日本进行的公共投资,或是建成的渔港捕鱼量小,或是扩大的耕地减产严重,或是修筑的国道流通量很小,或是建设的大桥根本没用,因此受到广泛批评。从我国的情况看,每一任地方政府都奉行当期开支最大化的理念和行为,其目标函数是追求本届政府所控制的资金流量最大化,因此在任期内都愿意上新项目,扩大投资规模,待到任期结束后,无人负责到底。据估计,中国有每年数百亿呆坏账的核销,其中相当一部分就是由地方政府盲目扩大投资造成的。[②]

---

① 中共中央党校经济学部《财政政策与财政体制改革研究》课题组:"对我国财政政策和财政体制改革的几点思考",《理论动态》,2003 年 9 月 30 日。

② 武剑:《货币政策与经济增长——中国货币政策发展取向研究》,上海三联书店、上海人民出版社,2000 年,第 363 页。

第 6 章

中国积极(扩张性)财政政策下“挤入效应”的理论和实证分析

20 世纪 30 年代,西方国家出现了持续的、大量的非自愿性失业,这种情况的出现与古典经济学的理论产生了不一致。对此,凯恩斯经济学主张通过政府的干预来校正有效需求不足的局面。不过,不同意凯恩斯经济学的经济学家,如美国经济学家米尔顿·弗里德曼认为,政府开支的增加会在一定程度上,对民间投资产生“挤出效应”。那么,我国近几年连续实施的积极(扩张性)财政政策是否也产生了“挤出效应”? 这是本节试图回答的问题。

至于“挤入效应”的问题,最早也是由弗里德曼提出的。弗里德曼在 1978 年就写过“挤出还是挤入? 政府赤字融资的经济后果”(Crowding out or crowding in? Economic consequences of financing government deficits)一文。在文中,他对政府扩张性赤字财政政策下债务融资的“挤入效应”进行了分析,说明为扩张性财政政策进行融资究竟会产生哪种效应。

6.1 我国实行积极(扩张性)财政政策没有产生“挤出效应”的理论和实证分析

6.1.1 “挤出效应”的基本原理和影响因素分析

1. “挤出效应”的理论说明

“挤出效应”是政府实行扩张性的财政政策,引起利率上升和借贷资金需求上的竞争,导致民间部门(或非政府部门)支出减少,从而使财政支出对经济的刺激作用部分或全部被抵消。“挤出效应”的作用机理可以分为两种:一种解释是财政支出扩张引起实际利率上升,利率上升抑制民间支出，特别是抑制民间投资；另一种解释是政府支出扩张引起政府和民间部门在借贷资金需求上的竞争，减少了对民间部门的资金供应。事实上，对于成熟的市场经济国家，这两种解释在内在逻辑上是一致的，因为借贷资金需求上的竞争在资本市场上就体现为利率上升。但是对于我国这样利率还未实现完全市场化的国家，这两种作用机理可能是独立存在的。对于第一种解释，大多数宏观经济学教科书都采用标准的 IS-LM 模型来分析“挤出效应”的大小和影响因素。在具体分析之前，我们需要强调的是简单的 IS-LM 模型分析一般都没有考虑价格的变动，所以真实的货币供给没有变动，在几何图形上表示为 LM 曲线没有移动。我们在这里主要是想说明“挤出效应”这个概念本身，为了简化分析，因而也假定价格水平不变（见图 6-1）。

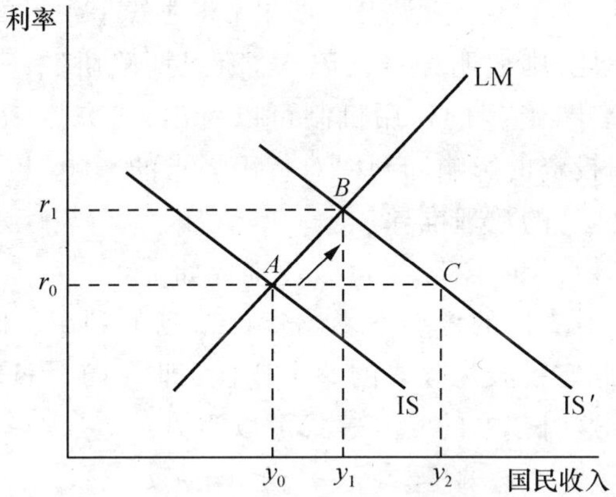

图 6-1　挤出效应的示意图

当政府支出增加时 IS 曲线向右上方移动到 IS′的位置，如果利率保持不变，则满足产品市场均衡条件的均衡产出应当是对应于 C 点的 y_2。然而，问题在于，C 点所代表的利率与产出组合虽然处于 IS 曲线上，满足了产品市场的均衡条件，但是它不在 LM 曲线上，不满足货币市场均衡条件。C 点位于 LM 曲线的右下方，说明货币需求大于货币供给，因而利率会上升。随着利率上升，投资需求及对利率敏感的消费需求（如信贷消费）会下降，从而使得产品市场均衡点沿着 IS 曲线由 C 向左上方移动，直到 B 点为止。由于 B 点是 IS 曲线和 LM 曲线交点，因而同时满足两个市场的均衡条件。上述分析表明，在货币供给量不变的前提下，增加政府支出提升产出水平，货币市场上会因为货币交易需求增加，而出现货币供不应求和利率提升局面,并通过减少私营部门投资需求来恢复两个市场同时均衡。政府支出增加通过利率中介变动导致的私人部门支出降低,被称做财政政策的"挤出效应"(crowding-out effect)。由于存在"挤出效应",政府支出带来的总需求和产出水平上升,要比利率不变时作用显著小一些。显然,"挤出效应"越大,财政政策效果越弱,反之亦然。在图6-1中,市场利率由 r_0 上升到 r_1。利率的上升会引起私人资本需求的减少,进而使国民收入由 y_2 减少到 y_1 水平。所以政府支出导致的国民收入实际增加量为 $y_1 - y_0$,$y_2 - y_1$ 为"挤出效应"部分。"挤出效应"的大小取决于两条曲线的斜率。IS 曲线越陡峭,"挤出效应"越小,反之则"挤出效应"越大。如果 IS 曲线垂直,则表明利率对民间投资没有影响,不会发生"挤出效应"。从 LM 曲线来看,曲线越陡峭,则"挤出效应"越大。如果 LM 曲线垂直,即货币需求对利率的弹性为0,则"挤出效应"最大。如果 LM 曲线是水平的,即货币需求对利率具有完全弹性,则表明经济已陷入"凯恩斯陷阱",不会发生"挤出效应"。从前面"挤出效应"的作用机制可以看出,研究"挤出效应",应重点分析利率对民间投资的影响和利率对货币需求的影响。①

2. "挤出效应"的数理推导

上述"挤出效应"的思路,通过数理推导如下:

(1) 假定政府支出的增加不影响货币市场的利率,即利率不变,私人投资为常数 $\bar{i}$。假定税收为收入的一个比例,即 $t(y) = \tau y$。其中 τ 为税率的一个百分比。这时基本的收入等式可以写为:

$$y = c(y - \tau y) + \bar{i} + g \tag{6-1}$$

由于 $\mathrm{d}(\tau y)$ 等同于 $\tau \mathrm{d}y + y\mathrm{d}\tau$,因此式(6-1)的微分形式可以写为:

$$\mathrm{d}y = c'(\mathrm{d}y - \tau \mathrm{d}y - y\mathrm{d}\tau) + \mathrm{d}\bar{i} + \mathrm{d}g$$

即:

$$\mathrm{d}y = c'(1 - \tau)\mathrm{d}y - c'y\mathrm{d}\tau + \mathrm{d}\bar{i} + \mathrm{d}g$$

所以当税率 τ、投资 $\bar{i}$ 和政府购买 g 都改变时的乘数的表达式为:

$$\mathrm{d}y = \frac{\mathrm{d}\bar{i} + \mathrm{d}g - c'y\mathrm{d}\tau}{1 - c'(1 - \tau)}$$

当税率和投资不变,只有政府支出改变时,政府购买乘数表达式为:

---

① 关于挤出效应的详细论述,可以参见〔美〕格里高利·曼昆:《宏观经济学》,张帆、梁晓钟译,中国人民大学出版社,2000年。

$$dy = \frac{dg}{1 - c'(1 - \tau)}$$

(2) 现在考虑政府支出增加对货币市场的影响,即考虑货币市场利率的变动。这时 IS 曲线的表达式为:

$$y = c[y - t(y)] + i(r) + g \tag{6-2}$$

该式表示产品市场的均衡条件。

LM 曲线的表达式为:

$$\frac{\bar{M}}{p} = l(r) + k(y) \tag{6-3}$$

该式表示货币市场的均衡条件。

对式(6-2)进行微分,得:

$$dy = c'(dy - t'dy) + i'dr + dg = c'(1 - t')dy + i'dr + dr \tag{6-4}$$

对式(6-3)进行微分,得:

$$0 = l'dr + k'dy$$

则联立式(6-3)、(6-4)得:

$$dr = -\frac{k'}{l'}dy \tag{6-5}$$

其中 $-(k'/l')$ 是 LM 曲线的斜率。式(6-5)表明,给定收入的增加量,利率要沿着 LM 曲线上升多少,才能维持市场的均衡。将 dr 的表达式代入 IS 微分等式,得到:

$$dy = c'(1 - t')dy - \frac{i'k'}{l'}dy + dg$$

所以最后的乘数表达式为:

$$dy = \frac{1}{1 - c'(1 - t') + \frac{i'k'}{l'}} \cdot dg \tag{6-6}$$

(3) 将(1)中利率不变动时的政府购买乘数减去考虑利率变动时的政府购买乘数,则得到“挤出效应”对国民收入的影响:

$$\Delta y = \left[\frac{1}{1 - c'(1 - t')} - \frac{1}{1 - c'(1 - t) + \frac{i'k'}{l'}}\right] \cdot \Delta g$$

其中 $-\frac{k'}{l'}$ 表示 LM 曲线的斜率。

需要说明的是,以上分析的前提是货币供给量不变,在总需求不足的情况下,增加货币供给可以减少“挤出效应”。

对于第二种解释,即应该分析 GDP 扣除国家财政收入后的民间可利用资金中民间投资所占比例,以考察政府支出对民间借贷资金的挤占情况。

6.1.2 我国实行积极(扩张性)财政政策下的增发国债没有产生“挤出效应”的实证分析

下面依据上面提供的“挤出效应”分析框架,对我国实行积极(扩张性)财政政策下国债融资的实际效应进行分析。

正如上面“挤出效应”原理所言,如果我国增发国债,引起利率上升,而利率上升又导致民间投资减少,那么这就说明增发国债存在“挤出效应”。于是,判断我国增发国债是否导致“挤出效应”的关键是考察增发国债对利率的影响,以及民间投资对利率上升的敏感度这两个中心环节。

第一,考察增发国债对利率的影响。由于我国尚未实行名义利率的市场化,因此利率难以随货币市场的供需变化而随时调整,换言之,增发国债不会影响名义利率。而且,几年来尽管增发国债,但我国名义利率是递减的。我国自 1996 年 5 月以来,名义利率多次下调(见表 6-1),这显然与国债的“挤出效应”原理不一致。

表 6-1 我国历年 1—3 年贷款利率

年份	名义利率	实际利率
2000	5.94	7.44
1999	5.94	8.94
1998	6.66	9.26
1997	9.36	8.56
1996	10.98	4.88

资料来源:《中国金融年鉴 1997—2001》。

从上表还可以看出,实际利率呈上升趋势。但我们认为实际利率的上升主要是因为物价水平下降(见图 6-2),而中央银行没有及时随物价变动调整名义利率所致。进一步看,价格水平下降也不是财政扩张的结果,而是由于近几年来社会有效需求不足所致。相反,发行国债在一定程度上,抑制了物价水平的下降。①

第二,现在对简单一元回归模型进行处理,考虑到扰动项的自相关性,因此以民间投资为被解释变量,以实际利率为解释变量,进行二阶自回归

① 这个观点参见项怀诚:《中国积极的财政政策》,中国财政经济出版社,2001 年,第 48—49 页。

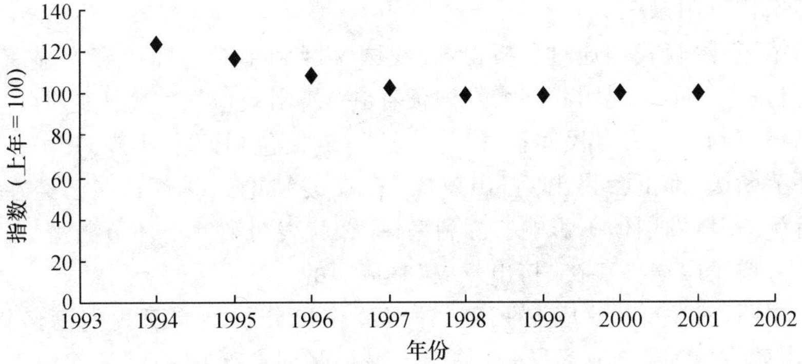

图 6-2 居民消费物价指数

AR(2)分析。得出如下结果：

$$\text{INVESTMENT} = -2066203.3 - 208.70198 * \text{RATE} + [\text{AR}(2) = 1.002373]$$
$$(-0.055704) \quad (-5.521844) \qquad (23.44175)$$

上式的 R-squared 为 0.984160，它表明模型中解释变量线性关系对被解释变量民间投资的解释能力达 98.416%。实际利率的 t 值为 5.521844，表明它通过检验，对民间投资解释有效。DW 值为 2.154352，处于 2 的附近，表明新模型的残差项不再具有自相关性。实际利率变量前的参数符号为负，这表示实际利率和民间投资呈反方向变动。而且参数的绝对值为 208.70，这表明利率对投资的影响比较显著。由于一般而言，经济系统是非线性的，线性回归是将一个非线性的系统线性化的过程，因而解释变量前的参数绝对值是没有十分精确的经济含义的。对上式而言，只要模型通过各项检验，就表明该模型是可以接受的。这个模型只有一个解释变量，是一个简单的一元回归，这并没有排除还有其他变量对投资产生影响。其他变量对投资影响的有关信息，就隐含在该模型的参数中，在这里笔者只是想考察投资和真实利率之间的关系，因而进行了简单的回归。因为上式通过了各项检验，所以它是可以接受的。这个模型可以揭示以下信息：一是真实利率和投资呈反向变动；二是考虑到真实利率前的系数较大，因而可以认为真实利率对投资的影响较明显；三是其他变量对投资的影响信息，包含在模型的参数之中；四是由于将非线性的经济关系线性化，因此解释变量前的参数绝对值并没有精确的含义。除非把所有影响投资的解释变量，都纳入模型，而且投资和这些解释变量之间是精确的线性关系，这时我们才可以说所估计出来的参数值有精确的含义。上式回归的计算机输出结果详见附录三。

第三,尽管我们通过分析得出:我国实际利率对民间投资有显著的影响,但是这并不能说明我国增发国债存在"挤出效应"。因为如前所述,增发国债—利率上升—民间投资减少,这一链接包括两个环节,其中任何一个环节断链,都不会得出"挤出效应"存在的结论。既然我们已经在前面分析认为,增发国债不影响实际利率,那么就表明第一个环节断链,由此我们认为增发国债不存在"挤出效应"是成立的。

第四,对"挤出效应"的第二种解释作出分析。前面我们已经提到,"挤出效应"的第二种解释是:政府支出扩张引起政府和民间部门在借贷资金需求上的竞争,减少了对民间部门的资金供应。现在我们结合中国的实际对此进行分析。

20世纪末这几年商业银行的超额准备金超过70%,存在较大的存贷差额。商业银行近年的资金过剩主要是风险意识增强、企业投资利润较低及产业政策调整的缘故,而且这种过剩是在满足了政府借款需求之后的过剩。因而增发国债对民间借贷资金量不会产生冲击,增发国债也不会产生"挤出效应"。[①] 从实证检验看,民间投资主要受到了民间资本的边际产出(或利润率)和公共投资影响,民间资本边际产出上升会提高民间投资。如果公共资本投向竞争领域,即与民间资本的生产可以相互替代,增加公共投资就会挤出民间投资。国债投资领域主要是高速公路、供水和机场等基础设施,属于社会公共支出领域,对民间投资不会形成"挤出效应"。相反,基础设施建设还可以提高民间投资的外部效应,提高民间资本的边际生产力,推动民间投资。

第五,财政支出对居民消费的影响。一部分政府支出与居民消费具有替代关系,即财政增加购买力支出会挤出居民消费。例如招待费,就是私人消费的替代品;不过公共设施支出则是私人消费的互补品;还有一些公共支出既是私人消费的替代品又是互补品,比如国家用于食品和药品检验的支出,既减少了私人的检疫支出,又增加私人对食品和医药的支出。如果增加政府支出提高了私人消费的边际效用,政府支出与私人消费则是互补的。通过分析财政支出和居民消费关系的计量模型发现,我国财政购买支出与居民消费总体是互补关系,扩大政府支出对需求总体上具有扩张效应。

---

① 这个观点参见项怀诚:《中国积极的财政政策》,中国财政经济出版社,2001年,第48—49页。

总之，通过前面的分析，我们可以认为一些西方学者所说的凯恩斯经济学中的“挤出效应”理论在中国是没有证据的。国内外有些人担心中国近几年大规模发行国债，增加政府投资和扩大支出，会产生“挤出效应”，从我国经济运行的各项指标看，这种观点没有证据支持。

6.2 我国国债“挤入效应”的理论和实证分析

上一节主要是否定了我国实行积极(扩张性)财政政策下增发国债存在“挤出效应”的观点，我们还提到，增发国债能够推动民间投资，具有“挤入效应”。因而，本节试图对国债融资的“挤入效应”提供理论和实证分析。

6.2.1 “挤入效应”的理论解释

增发国债对民间投资的挤入效应可以通过下面的几何图形来说明①：在图6-3中，横轴表示时间，纵轴表示资本存量、投资和产出的价值量。假定在开始时，经济中的产出水平是 Y_1，而均衡的资本存量是 K_1。在 t_1，政府增发国债，刺激内需，以使经济在 t_2 时使产出水平达到一个更高的水平 Y_2。更高的产出水平会使均衡的资本存量达到一个更高的水平 K_2。这样，在 t_1 之前和 t_2 之后的各期，净投资都为零，只有一个正的重置投资。

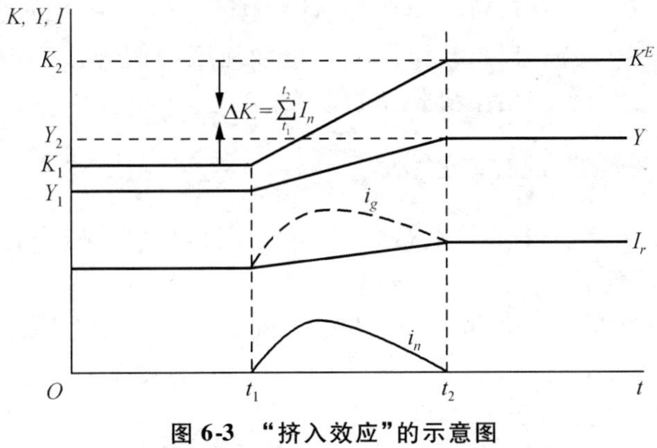

图6-3 “挤入效应”的示意图

① 模型构建思路来源于 William H. Branson(1989), *Macroeconomic Theory and Policy*, Phoenix Color Corp, pp. 302—303。

由 t_1 到 t_2,是一个过渡时期,为了使资本存量在第二阶段增加到一个新的水平,在过渡期间必须有一个正的净投资水平,这体现为 t_1 和 t_2 之间净投资曲线鼓起的部分。由于 i_g 是 i_n 和 i_r 的和,这意味着在过渡期间,总投资需求 i_g 也是鼓起的。因而,每阶段总投资服从以下规律:从 0 到 t_1,$I_g = I_r$;从 t_1 到 t_2,$I_g = I_r + I_n$;从 t_2 开始,$I_g = I_r$。其中,I_r 表示重置投资,I_g 表示总投资,I_n 表示净投资。

如果假定达到均衡前,国债投资只是一次性的增加,那么我们认为增发国债导致的净投资的增加,即为对民间投资的挤入投资部分。换言之,$\Delta K = \sum_{t_1}^{t_2} I_n$,即为增发的国债投资和挤入的民间投资之和。在净投资逐渐增加的过程中,总投资的增长速度会快于产出的增长速度。这主要源于国债资金对民间资金的挤入。

增发国债挤入民间投资的另一种机制是,增发国债有利于宏观经济形势向好的方向发展,尤其是我国处于转轨时期,经济处于欠发达状态,国债资金主要用于基础设施建设等领域,用于为民间投资营造一个良好的投资环境。因此,增发国债会产生外部正效应,会改变投资者的投资期望,增强他们的投资信心,使他们增加投资或涉足新的投资领域,产生挤入效应。我们以湖南省长沙市为例,该市近几年来充分地利用国债资金,搞市内和周边地区的基础设施建设,例如修高速公路,搞街道的拓宽工程,几年下来,成绩显著,古城旧貌换新颜。以前城市的周边地区,由于交通设施建设跟不上,投资者不愿意投资。而现在,周边地区方便的交通,适宜的生活环境,吸引了不少外资。以长沙市周边的星沙地区为例,两三年间就吸引了好几家外商投资,呈现出生机勃勃的景象。

6.2.2 "挤入效应"的实证分析

下面以近些年来的经济运行数据,就我国经济实际情况对投资的挤入效应作出实证分析。

从表 6-2 中数据分析可得:从 1996 年到 2000 年,国民生产总值增长了 24.2%,国家财政支出额增长 50%,非政府部门投资额增长 24.7%,价格指数基本保持平稳且略有下降。

表 6-2　1996—2000 年国民生产总值、国家财政支出额和非政府部门投资额、价格指数列表

年份	国民生产总值(亿元)	国家财政支出额(亿元)	非政府部门投资额(亿元)	价格指数(同比)	
				商品零售	居民消费
1996	66 850.5	7 937.6	22 732.69	106.1	108.3
1997	73 142.7	9 233.6	24 562.93	100.8	102.8
1998	76 967.4	10 798.2	27 519.53	97.4	99.2
1999	80 579.4	13 187.7	28 680.96	97.0	98.6
2000	88 189.6	15 886.5	30 173.82	98.5	100.4

资料来源:国家计委、国家统计局、国家信息中心 2000 年 12 月 30 日发布。

总体来讲,这段时间内国民经济稳中有升,但经济增长速度明显慢于 1996 年前的年百分之十几的速度。可以看出,1996 年我国经济软着陆成功后,经济发展进入了一个相对低潮的时期。国家财政支出大规模的增加,目的在于保持一定的经济增长速度,促进各方面的结构调整。但从统计数据来看,财政支出规模的扩大,并未对民间投资产生明显的“挤出效应”,非政府部门的投资增长率(24.7%)还略高于国民生产总值增长率(24.2%)。从财政支出结构角度来看(见表 6-3、表 6-4),中央财政用于经济基本建设的费用比率呈逐渐递减的趋势,而国家用于企业科技改造、科教文卫、社会救济、支持农业发展和价格补贴非生产性竞争领域的支出却有不同幅度的增长。此外,我国财政支出所发行国债的投资一直集中在公路、水利等基础设施领域。基础设施条件的完备、投资环境的改善,提高了民间投资的外部综合效应及其利润率。这不仅不会对民间投资产生“挤出效应”,反而完全可以拉动民间投资支出,进而促进我国经济在这些年的稳定增长。

表 6-3　国家财政支出结构(%)

年份	经济建设费	社会文教费	国防费	行政管理费	其他
1996	40.74	26.21	9.07	14.93	9.04
1997	39.50	26.74	8.08	14.72	10.24
1998	38.71	27.14	8.66	14.82	10.68
1999	38.38	27.59	8.16	15.32	10.54
2000	36.18	27.60	7.60	17.42	11.19
2001	34.24	27.58	7.63	18.58	11.97

资料来源:依据 1996—2001 年各年《中国统计年鉴》所提供数据换算而来。

表 6-4　财政支出(主要项目)(亿元)

年份	国内基本建设支出	增拨企业流动资金	挖潜改造和科技三项费用	地质勘探费	公交商部门事业费	支援农业生产和各项农业事业费	文教卫事业费	抚恤和社会救济费	价格补贴支出
1996	907.4	42.9	523.0	68.6	120.4	510.1	1 704.3	128.0	453.9
1997	1 019.5	52.2	643.2	73.4	136.4	560.8	1 903.6	142.1	552.0
1998	1 387.7	42.4	641.2	83.1	121.6	626.0	2 154.4	171.3	712.1
1999	2 116.6	56.4	766.1	83.7	128.1	677.5	2 408.1	179.9	697.6
2000	2 049.9	71.1	865.2	88.1	150.1	766.9	2 736.9	213.0	1 042.3
2001	2 510.6	22.7	991.5	99.0	200.1	918.0	3 361.0	266.7	741.5

资料来源:1996—2001 年各年《中国统计年鉴》。

下面进行计量经济模型考察与分析。以投资 I 为被解释变量,国债发行量 DEBT、国内生产总值 GDP、真实利率 R 为解释变量,选取 1988—2002 年的中国相关数据,使用 EViews 3.0 计量经济软件包进行回归,得到的方程为:

$$I = 0.25685195 * Y + 2.9185061 * \mathrm{DEBT} - 224.03115 * R + 405.42042 + [\mathrm{AR}(2) = -0.060317684]$$

上式 R-squared 为 0.997335,adjusted R-squared 为 0.996003。这说明模型整体拟合得较好。国内生产总值 Y 前的参数的 t 值为 7.667244,通过 t 检验。实际利率 R 前的参数的 t 值为 −4.386823,通过 t 检验。DEBT 前的参数的 t 值为 5.397785,通过 t 检验。DW 值为 2.077775,查表可知,当 $n=13$,$k'=3$ 时,$du=1.526$,由此 DW 值满足:$du=1.526<\mathrm{DW}<4-du=2.474$,因此残差项不存在自相关。综上所述,该式估计得较好。计算机的详细输出结果详见附录二中的 case7,解释变量的选取详见第 7 章。

此方程表明,我国 20 世纪 80 年代发行国债以来,不断增长的国债发行额对固定投资起扩张效应,国债发行额变量前的参数符号为正,这表示增发国债与社会固定资产总投资同方向变动,国债发行额变量前的参数值为 2.9185061,它表示增发国债对社会固定资产总投资影响显著,这也说明国债大规模发行对全社会固定投资不但没有产生“挤出效应”,反而具有拉动效应。但要证明国债发行是否排挤了非政府部门的投资,还需要在此基础上进一步分析。

从我国的实际情况看,在全社会投资规模扩张的条件下,投资主体各自所占的比重也发生了变化,通过表 6-5 可以得到反映。

表 6-5　1985—1999 年投资总额及投资主体比重变化

年份	全社会	投资额(亿元)		投资比重(%)	
		政府	非政府	政府	非政府
1985	2 543.2	407.80	2 135.39	16.0	84.0
1986	3 120.6	455.62	2 664.96	14.6	85.4
1987	3 791.7	496.64	3 295.06	13.1	86.9
1988	4 753.8	431.96	4 221.84	9.3	90.7
1989	4 410.4	366.05	4 044.34	8.3	91.7
1990	4 517.0	393.03	4 124.47	8.7	91.3
1991	5 594.5	380.43	5 214.06	6.8	93.2
1992	8 080.1	347.46	7 732.64	4.3	95.7
1993	13 072.3	483.67	12 588.63	3.7	96.3
1994	17 042.1	529.57	17 297.55	3.0	97.0
1995	20 019.3	621.05	19 903.81	3.0	97.0
1996	22 913.5	625.88	22 732.69	2.7	97.3
1997	24 941.1	696.74	24 562.93	2.8	97.2
1998	28 406.2	1 197.39	27 519.53	4.2	95.8
1999	29 876.0	1 195.04	28 680.96	4.0	96.0

资料来源:《中国统计年鉴 2000》。

通过表 6-5 的数据可以看出:尽管表 6-5 显示出政府债务规模的增长速度很快,但政府用于投资的规模却在下降,说明财政支出结构已发生了明显的变化,即财政支出中用于消费性和转移性支出的比重在增大。1985—1997 年政府投资比重由 16% 下降到 2.8%,共下降了 13.2%,与此同时非政府投资比重却由 1985 年的 84% 提高到 1997 年的 97.2%。1998 年以来,由于实施积极财政政策,政府投资比重略有提高,但仍处于较低水平。因此,可以认为国债的大量发行并没有产生对私人投资的排挤,相反,企业和个人等非政府部门投资比重却在不断提高。

6.2.3　我国国债资金的生产性与“挤入效应”分析

无论是新凯恩斯主义,还是新古典模型,在分析财政赤字是否产生“挤出效应”时都指出,从国民收入的增减来看,政府增加资本性支出一般会导致收入增加,从而产生挤入效应。特别是美国经济学家格罗斯曼和卢卡斯(Grossman & Lucas, 1988)在分析生产性财政支出对价格水平的影响时指出,财政支出对生产潜能有很大影响。

我们认为,在这里选择总需求-总供给模型以及 IS-LM 模型来进行分析比较合适。因为大多数经济学家用总需求-总供给模型分析总收入与物价水平的短期波动。IS-LM 模型说明了货币政策、财政政策以及对货币和产品市场的冲击如何使总需求移动。在长期中,价格有伸缩性,而且总供给曲线是垂直的。当总供给曲线垂直时,总需求曲线的移动影响物价水平,但经济的产出仍然维持在其自然率上。与此相反,在短期中,价格是粘性的,而且总供给曲线不是垂直的。在这种情况下,总需求曲线的移动引起产出的波动。

标准的模型通常是,设生产函数为 $Y=f(L,K,G_P)$,$f_L>0$,$f_K>0$,$f_{G_p}>0$,式中,Y 代表国民收入,L 代表劳动,K 代表资本,G_P 代表生产性国债支出。当 G_P 增加时,如果总供给曲线 AS 不变,总需求曲线会从 AD_0 移至 AD_1,则新的均衡点为 B(见图 6-4)。但是,由于国债支出具有生产性,因而这种支出增加造成的赤字会使 AS 曲线由 AS_0 移至 AS_1。当这种赤字支出使 AS 增加较多,从而 AS 曲线向右移动的幅度较大时,价格水平下跌(p_0-p_1),而国民收入增加(Y_0-Y_1)。在价格水平下跌情况下,实际货币供给量增加,LM 曲线因此向右移动($LM(P_0)-LM(P_1)$),如图 6-5 所示。如果 LM 曲线向右移动幅度大,利率就可能下降(I_0-I_1),从而私人投资就会增加。因此,倘若财政支出具有生产性,赤字支出就具有“挤入效应”。

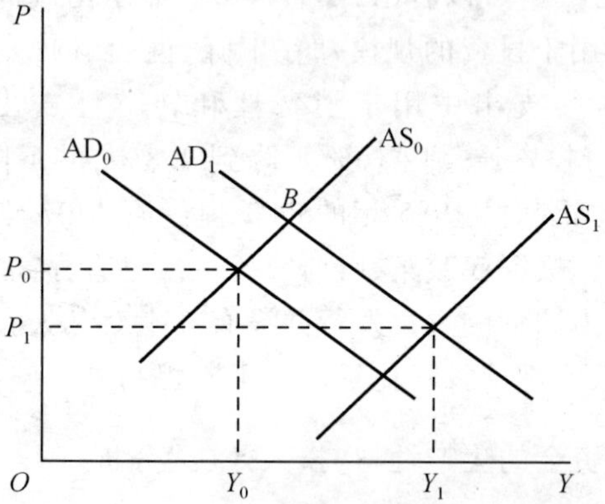

图 6-4　AD-AS 模型

从我国国债资金的实际用途来看,1981—1995 年间,我国国债收入的很大比例用于支柱产业和基础设施建设。根据财政部有关调查报告分析,截至 1995 年底,在 3 300 亿元的国债余额中,约有 2 650 亿元国债用于基础建设领域,比例高达 80%。国家预算资金投入占 49.28%。财政支出中经济建设费用平均占近一半(48.67%)。1998 年实施积极(扩张性)财政

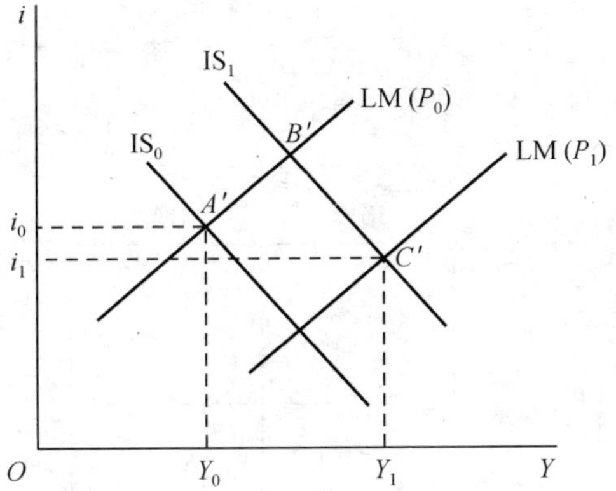

图 6-5　IS-LM 模型

政策以来,建设国债重点投向基础设施,这既缓解了短期有效需求不足的矛盾,又促进了长期产业结构的调整和优化,从而有利于实现国民经济的良性循环和长期稳定发展。1999 年国债资金在使用方向上作了必要的调整,在加强基础设施建设的同时,拿出了 153 亿元用于企业技术改造项目贴息,按照"品种、质量、效益"和扩大出口的要求,鼓励企业采用先进技术改造传统产业,支持高新技术产业化和装备工业发展。据测算,国债资金用于技术改造贴息,拉动 1 800 亿元技改投资。为了提高国债资金的投资效益,2000 年的积极财政政策强调,用于基础设施建设的国债资金原则上不准搞新项目,主要用于在建项目;用于技术改造的资金项目也必须认真选择、科学论证、谨慎决策,突出科技进步与产业升级,并强调绝对不能变相搞重复建设。2001 年增发 1 000 亿元建设国债,用于弥补前期基础设施在建项目后续资金不足,发行 500 亿元特种国债,以支持西部开发。

由以上叙述可以看出我国国债支出具有很强的生产性。这种生产性支出往往因其规模大、回收期长、收益低等因素,本来就很难通过市场配置资源,因此不会挤出民间部门投资。相反,在我国目前私人投资对利率缺乏弹性,而经济又是长期持续增长的情况下,国债融资的赤字支出通过国民收入的增加而产生"挤入效应"。

6.2.4　国债"挤入效应"的博弈分析

假定政府和居民之间围绕国债展开这样一场博弈,如图 6-6 所示。政府面临"增发"和"不增发"两种选择。为了和当前现实相吻合,假定"增发"、"不增发"是指政府在有效需求不足状况下,增发或不增发国债。居民面临“增加”和“不增加”两种选择。“增加”、“不增加”是指居民在政府增发国债的情况下，选择增加储蓄（不扩大投资与消费需求）或不增加储蓄（将储蓄转化为投资与消费需求）。

		政府：增发	政府：不增发
居民	增加	2　-1	4　-2
居民	不增加	4　3	3　2

图 6-6　国债“挤入效应”的博弈

假定政府和居民的收益取决于彼此的行动。当政府发行国债，且居民增加储蓄时，政府发行国债不但没有达到刺激居民投资的目的，而且还得承担债务负担，因而假定此时政府效用为 -1；就居民而言，他得到的是稳定的储蓄收益，假定此时居民的效用为 2。当政府发行国债，且居民不增加储蓄时，政府发行国债达到了刺激居民投资的目的，此时尽管政府同样会承担债务负担，但它的效用水平上升到 3；就居民而言，由于政府增发国债具有正的外部性，因而此时居民投资收益较多，他的效用水平为 4。当政府不发行国债，且居民增加储蓄时，政府面临严重的社会就业不足，经济增长率较低，因而政府效用水平极低，假定为 -2；此时，居民对储蓄的效用水平会显得更高，假定为 4。当政府不发行国债，且居民不增加储蓄时，政府看着居民自愿投资，因而效用水平增强，假定为 2；此时，居民的效用水平比政府增发国债时要低，假定为 3。由此，政府和居民围绕国债而展开的博弈的支付矩阵为图 6-6。

我们可以对这一支付矩阵进行分析，假定政府和居民是完全信息静态博弈。他们行动时不知道对方的确切行动。在给定政府增发国债的情形下，居民会选择“不增加”，在给定政府不增发国债的情形下，居民会选择“增加”，在给定居民“增加”的情形下，政府会选择“增发”，在给定居民“不增加”的情形下，政府会选择“增发”。由此可见，（增发，不增加）是政府和居民博弈的唯一均衡结果。这一结果比较符合发债之初的情况，发债之初债务负担不是很严重，因此政府认为面临严重的社会失业和有效需求的不足,增发国债比不增发国债要好。随着国债规模的扩大、债务负担的加重,也许政府会改变对增发国债的效用评价。

由此从上述简单的博弈分析,我们认为增发国债的“挤入效应”并不是政策本身的问题,而是政策背后政府和居民博弈的结果。

6.3 我国积极(扩张性)财政政策下国债的可持续性分析

我国自 1998 年以来,实施积极(扩张性)的财政政策。从理论上说,积极(扩张性)财政政策包括减税和增加财政支出两个方面。而在我国目前阶段,积极(扩张性)财政政策实际上是赤字财政政策——大量地发行国债,为政府支出融资。在实施积极(扩张性)财政政策之初,无论是政府官员还是学术界,主要着眼于增发国债的经济效应,例如国债增发是否会对经济运行起作用?是否会导致“挤出效应”?是否会刺激消费?等等。而近年来,人们逐渐更多地关注政府国债融资政策的可持续性。因为我国前几年实施积极(扩张性)财政政策取得了举世瞩目的成绩,是一个不争的事实。人们的疑虑是,积极(扩张性)财政政策下的国债政策是否可以持续下去?持续下去会不会造成政府过重的债务负担,甚至引发债务危机?对这些问题的回答,实际上既是对积极(扩张性)财政政策长期效果本身的思考,也是对当前的国债规模是否适当的思考。

6.3.1 从政府经济负担的角度讨论长期实行积极(扩张性)财政政策下国债政策的可持续性

1. 理论指标

从政府经济负担的角度来考察,即从经济可能性方面考察长期实行国债政策的可持续性,重点研究债务的清偿性和负担率。具体而言,按照国际上通行的标准,主要是从财政偿债能力和社会应债能力两个方面来加以考察。

从财政偿债能力考察,通常使用两个指标:

(1) 国债偿债率。国债偿债率是指一国国债的当年还本付息额占当年财政收入的比重。这一指标反映了国债发行规模与财政收入的适应度。指标值越低,说明该国的财政偿债能力越强。该指标国际公认的警戒线为20%。

(2)国债依存度。国债依存度是指一国的当年国债发行额占当年财政支出的比重。这一指标反映了财政支出在多大程度上依赖于债务收入。该指标国际公认的警戒线为20%。

从社会应债能力来考察,通常也有两个指标:

(1)债务负担率。债务负担率是指国债余额占国内生产总值的比重。这一指标反映了国债累积额与经济总规模之间的适应度。该指标国际公认的警戒线为60%,这是欧盟国家在《马斯特里赫特条约》中规定的标准。

(2)国债发行额与居民储蓄存款余额的比率(即居民应债率)。这一指标反映了国债发行规模与居民储蓄之间的适应度。该指标国际公认的警戒线为10%。

2. 我国国债可持续性的实证分析

我国上述各项指标数据见表6-6。

表6-6 我国国债依存度、负担率及偿、应债比率(%)

年份	债务依存度 20%	中央财政债务依存度	债务负担率 60%	国债偿债率 20%	居民应债率 10%
1990	6.40	17.70	6.51	19.1522	5.2733
1991	8.31	27.42	6.18	26.3043	4.9926
1992	12.31	40.93	5.80	44.7744	5.6948
1993	8.21	34.07	5.32	35.1140	4.8622
1994	18.39	53.00	4.89	17.1808	5.4615
1995	20.64	60.62	5.64	27.1128	5.2247
1996	21.18	62.89	6.42	37.0119	5.1071
1997	22.97	63.52	7.40	45.3846	5.3518
1998	29.62	73.44	9.26	48.0973	6.1994
1999	30.56	41.00	13.70	32.6630	6.2310
2000	26.30	41.05	14.20	22.6038	6.4977
2001	24.43	39.12	15.80	23.3926	6.2417
2002	25.18	41.36	16.70	24.6724	6.5343

资料来源:根据《中国经济统计年鉴》、《中国财政年鉴》提供的数据计算而来。

将上表数据用折线图表示则更为直观(见图6-7)。

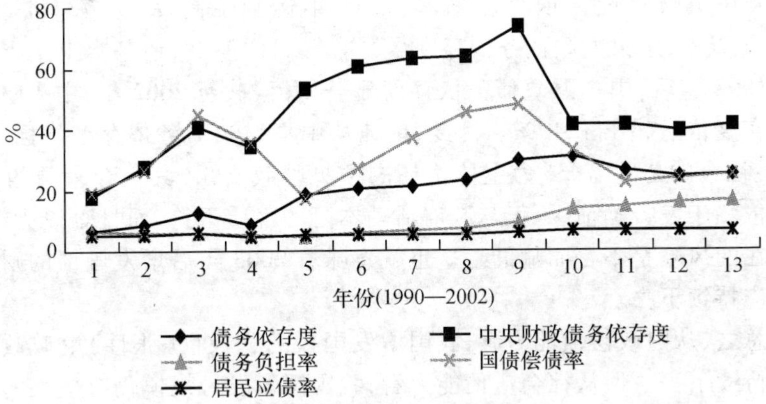

图 6-7　积极财政政策可持续性衡量指标的变动图

从表 6-6 及图 6-7 可以看出：

就国债偿债率指标而言：从 1990 年至 2002 年，国债偿债率波动比较明显。1990 年至 1992 年国债偿债率呈上升趋势，1992 年至 1994 年呈下降趋势，1994 年至 1998 年呈上升趋势，1998 年至 2000 年呈下降趋势，2000 年至 2002 年又呈上升趋势。从整个阶段来看，1998 年国债偿债率达到最高，为 48.0973%。偿债率最低的年份是 1994 年，为 17.1808%。除 1990 年和 1994 年外，从 1990 年到 2002 年的所有年份，偿债率均高于国际公认的警戒线 20% 的标准。由此可见，单纯从偿债率来看，我国增发国债的财政政策是不应该持续的。

从国债依存度来看，在 1999 年以前，尽管存在稍微的波动，但整体上呈现上升趋势。1999 年中国国债依存度达到了最大，为 30.56%。此后连续三年呈现下降趋势。如果以国际公认的警戒线 20% 为指标，那么我国国债依存度自 1995 年以来，一直处于超过警戒线水平。1999 年国债依存度达到了这一期间的高峰，为 30.56%。由此，单纯从国债依存度这一指标来衡量，我国的财政偿债能力已处于脆弱状态，增发国债的政策显然不应该持续下去。

从债务负担率来看，从 1990 年至 1994 年，债务负担率呈现下降趋势。从 6.51% 下降到 4.89%。1994 年后，债务负担率呈现缓慢增长，截至 2002 年底我国债务负担率增至 16.7%。如果以国际公认的警戒线 60% 为标准，那么我国国债发行规模仍有较大的拓展空间。

从国债发行额与居民储蓄存款余额的比率看，1990 年至 2002 年居民的应债率缓慢增长。如果以国际公认的警戒线 10% 为标准，那么我国国债发行规模还有较大的发展空间。

从中央财政债务依存度来看,1998年达到了高峰,为73.44%。在1998年以前,中央财政债务依存度尽管有轻微的波动,但基本上呈上升趋势。1998年后,中央财政债务依存度显著回落,截至2002年,中央财政债务依存度依然超出了40%。由此,单纯从中央财政债务依存度指标看,以"满足社会的公共需要"为主体格局的中央财政支出,其资金来源的40%以上依赖于发行国债,不仅与政府活动本身的性质不符,而且难以为继,其中潜在的风险是不言而喻的。这也就意味着2003年后增发国债的财政政策不应持续下去。

总之,从财政偿债能力看,我国增发国债的积极(扩张性)财政政策不应该持续下去。但从社会应债能力看,我国国债发行规模仍有较大的发展空间。将两类不同的指标分别应用于当前中国国债规模状况的判断,得到的结论是迥然不同的。之所以会出现这种现象,在于国债的累积规模不大,但发行规模偏大。中国举债的历史不长,从1979年算起,也就是20多年的时间。欧美等国的国债的累积规模之所以能达到如今这样的高水平,是经过几百年时间积累下来的结果。如果说当前我国的国债规模确实存在着一定的风险,那么,这一风险的主要方面,在于国债的发行规模(非累积规模)偏大。国债发行规模的偏大,又集中表现为中央财政(不包括地方财政)的债务依存度偏高。

当然,关于国债规模的这些警戒性指标,只是一般性经验指标,并不一定与我国的具体情况相吻合。这些指标所应用的环境不同,反映问题的实质就不同,若简单用这些指标进行比较,可比性不强。赤字率和国债负担率等衡量国债风险状况的基本指标不可能有统一的警戒线,在国际经济史上,有些国家因较高的赤字率和国债负担率引发了经济困难,但也有国家在更高赤字率和国债负担率下获得了持续繁荣,更有不少国家在维持很低的国债负担率的同时,经济表现并不好。例如,意大利1970—1997年间,净国债在GDP中的比例上升幅度很大。在70年代初,净国债在GDP中的比例为30%,1997年这一比例上升到110%。再以美国为例,1970年净国债占GDP的比例为30%,1997年净国债占GDP的比例也只有40%。美国有发达的金融市场,国债具有很高的流动性、安全性和赢利性,国债作为一种重要的金融资产广泛地被商业银行、非银行金融机构、各类基金和个人持有。而且,美国国债受到世界上其他国家政府和机构的青睐,例如在各国政府的外汇储备资产中美国国债都占据了相当大的比重,正是这些得天独厚的条件,使得美国国债的发行相当顺利,美国的债务负担率可以达到很高的水平(第二次世界大战后曾经超过100%)而不危害经济的稳定发展。相反,在发展中国家,特别是拉美国家,由于政府征税能力差,政府支出又无法削减,政府经常面临巨额赤字的必然结果就是债台高筑,政府经常通过制造通货膨胀(货币创造)或赖账的方法逃避债务,因此政府信誉遭到极大的破坏,即使债务负担率不是很高,也可能使人们形成政府无法偿还债务的预期,从而威胁经济的稳定和发展。

而且这些警戒性指标,都是从风险控制角度来看国债规模的,而非从规模效应角度来探讨。我们讲的国债规模应该是国债的适度规模即国债正净效应最大化的国债规模,而非国债最大可能规模,即国家信用崩溃的临界点所对应的国债规模。判断国债规模是否适度,应该从国债规模效应角度出发,立足于政府债务规模的效用评价,主要着眼于能否促进宏观经济的均衡稳定和可持续发展,矫正社会投资对有效投资的偏离。

我们对西方衡量国债风险的指标,不能视而不见,也不能盲目照搬,国外的经验只能作为参考。因为指标的本身是根据各国情况综合得出的,对某些国家可能适用,对另一些国家或地区则未必能适用。也就是说,一国国债规模没有达到警戒线,未必意味着其一定安全,假使其大大超出警戒线,也未必一定安全。如南美的危地马拉和萨尔瓦多,在1982年的偿债率分别只有7.1%和3.7%,但偿债困难重重。而韩国当时的偿债率高达31.5%,却未出现债务危机。[①] 再如,菲律宾、巴西等国曾试用国际流行的偿债率和负债率等指标控制债务规模,结果在没有超过警戒线的情况下,爆发了严重的债务危机。可见,指标的适用性因国情而异,是有一定限度的。国债政策的基本准则是,它必须产生实实在在的经济效应。

6.3.2 从经济效果的角度讨论积极(扩张性)财政政策下国债政策的可持续性

即从经济需要的角度考察积极(扩张性)财政政策下国债政策的可持续性,重点研究在经济周期的不同阶段国债政策对经济所起的作用。

1. 连续几年增发国债的积极(扩张性)财政政策取得的显著成绩

(1) 拉动了国民经济增长。

(a) 刺激了居民消费。从我国国债持有者的结构看,我国企事业单位和个人仍是国债市场的持有主体,商业银行持有数量过少。在国债利率高

① 数据来自朱柏铭、徐利君:“公债适度规模评判的剖析及改进”,《中央财经大学学报》,2002年第5期。

于同期储蓄利率特别是发行保值公债以来，不征税的国债数额迅速提高，其利息所得直接增加了个人的可支配收入。从我国对个人购买国债开始还本付息的1986年到1997年，我国居民可支配收入的年增长率大致在10%—20%，边际消费倾向在80%左右，由此可见，国债利息的偿还刺激了居民消费需求强劲的膨胀势头。

（b）扩大了投资需求。在中国经济体制尚未完成转轨、经济发展模式还没有实现根本转变的前提下，投资对于经济增长至关重要。亚洲金融危机冲击，国内民间投资低迷，外资进入也受到影响，中国政府通过发行建设国债，增加政府投资，引导民间投资，成为这一时期促进经济增长的主要因素。1998—2000年民间共发行建设国债3 600亿元，拉动社会投资24 000亿元，完成15 100亿元的工作量。值得一提的是，1999年用90亿元国债资金作为技术改造的贷款贴息，带动了银行贷款和企业配套资金1 800亿元，形成了20倍于初始投入的资金规模。

（c）促进了国民经济稳定增长。由于积极的财政政策的作用，1998年中国国内生产总值全年增长率为7.8%，减缓了亚洲金融危机带来经济增长速度迅速下滑的趋势。1999年，国内生产总值增长率为7.1%，尽管比1998年低一些，但经济增长的质量明显提高。2000年中国国民经济发展出现了重要转机，全年国内生产总值实现了8%的较高增长速度，经济增长步入了质量型适度增长区间。根据国家统计局的测算，1998年的国债投资，带动了经济增长1.5个百分点，1999年拉动经济增长2个百分点，2000年拉动了当年经济增长1.7个百分点。

（2）促进了经济结构调整。

（a）基础设施得到了加强。到2000年年底，国债投资的国道主干线和区域干线公路项目已竣工投产152个，新建成公路里程约17.4万公里，其中高速公路1.02万公里。完成加固大江大河大湖堤防1.64万公里，城市基础建设和环境建设大大加快，许多城市面貌发生了显著变化。农村电网改造和建设取得了重大进展，新建国家储备粮食库仓容517亿公斤。大规模的基础设施建设，缓解了中国长期以来经济发展的瓶颈制约，为国民经济中长期发展奠定了基础。

（b）推动了产业结构升级和经济发展模式转变。积极财政政策着眼于短期的需求管理和长期的供给管理的有机结合，在加强基础设施建设的同时，通过国债资金的直接投入、税收政策调节等措施，发展高新技术产业，改造传统产业，支持了一些符合产业结构发展方向的重点行业、重点企业的技术改造,推动经济结构调整和产业结构升级。企业改制和现代企业制度的逐步建立、企业沿着政策调控方向实现自我更新已经成为发展的内在动力,标志着中国从粗放式经济发展模式开始向集约式发展转换。

(3) 丰富了宏观调控经验。

(a) 财政政策与货币政策的有机协调。在出口、消费短时期内不会有大的增长的情况下,扩大投资成了反周期政策的着眼点。但1998年以来,社会固定资产投资持续低迷,投资需求对经济增长的拉动作用明显减弱。同时,银行高达9 000亿元的存差,不能转化为投资。面对大量的不符合贷款条件的企业,银行为防范风险而惜贷,增大贷款投放又使银行信贷资产处于高风险之中。在两难选择中,基层银行把防范金融风险作为首要任务,由于激励和惩罚机制不对称,储蓄转化为投资渠道梗阻。如何协调财政与货币政策,扩大社会投资,成为反周期政策的关键。在分析财政与金融机构运行状况的基础上,中国政府决定由中央财政向国有商业银行发行特别建设国债。这样做的好处,一是有稳定的债务资金来源,且债务资金筹集过程时间短;二是能够改善金融资产结构;三是银行既可以保证金融资产收益,又可以避免信贷风险。这一政策畅通了储蓄转化为投资的渠道,使财政政策与货币政策有机地协调起来。

(b) 中国的对外债务中,中长期债务占有很大比重,短期内不会给人民币造成贬值的压力。而且人民币也没有贬值的必要。中国坚持汇率稳定政策,对于稳定亚洲经济具有举足轻重的作用。第一,中国经济蕴藏着巨大的增长潜力。第二,中国国际收支状况良好,1993年以来已经连续多年出现贸易顺差。国际贸易顺差和大量的外资流入使中国外汇储备快速增长,目前已高达2万亿多美元,是全世界第一大外汇储备国。而且中国的经常项目和资本项目都有盈余,外汇储备的数额还在继续增加。无论是从外汇储备还是从外汇市场供求关系的角度看,实行人民币贬值都是没有必要的。

(4) 发行国债并没有产生对民间投资的"挤出效应"(参见第四章的详细论述)。

(5) 连续几年增发国债,对拉动社会总需求起了积极的作用。国债对总需求的加强作用主要体现在国债规模的膨胀构成了政府支出膨胀的直接原因。国债收入直接构成了政府购买性支出的资金来源,政府购买性支出与新增国债收入量同步增长,且新增国债收入占购买性支出的比例不断提高,如果不考虑新增国债收入用于还本付息的部分,其比例从1990年的

7.23%提高到1997年的26.83%，8年间提高近4倍。如果把还本付息的那部分新增国债收入扣除，纯粹用于购买性支出的国债收入的比率近年来也保持在10%左右，可见，我国国债规模的膨胀进一步加剧了政府支出的扩张，对重振社会总需求起了积极作用。

2. 积极（扩张性）财政政策可持续实行的政策空间和政策取向判断

过去几年实行积极（扩张性）财政政策所取得的成绩，在很大程度上说明了我们在过去实行该项政策的正确性。但积极（扩张性）财政政策是否还存在长期可持续实行的政策空间呢？如果存在一定的政策空间，那么积极（扩张性）财政政策的政策取向应该是怎样的？这些问题，都需要我们给出一个基本的判断。我们认为，总体说来，以扩大国债发行为主的积极（扩张性）财政政策作为短期的需求管理政策，其未来走势应该取决于经济形势的变化，取决于其他宏观经济政策的配合能力。总的来看，目前我国经济持续增长的基础还比较脆弱，还有许多国债工程未竣工，西部开发也正进入大规模实施阶段，国债资金对银行和社会资金还具有不可替代的拉动作用。所有这一切决定了，我国在今后几年仍然需要在一定程度上实行积极（扩张性）的财政政策，保持一定规模的长期建设国债发行，来支持我国中西部和其他地区比较薄弱的基础设施建设。所以，还不能轻易让国债政策淡出经济，积极（扩张性）财政政策还具有一定的政策空间。当然，在经济形势发生一定变化的条件下，积极（扩张性）财政政策的方向应该适当调整，其作用方式及手段应有所变化，比如和结构性调整政策、产业政策结合起来。

从前几年发行国债、实施积极（扩张性）财政政策的实践看，1998年增发了1 000亿元国债用于基础设施建设，1999年年初又发行了500亿元长期国债用于基础设施建设。2000年中央财政预算又安排发行1 000亿元长期建设国债，用于增加基础设施投入，支持国有企业技术改造，加大西部开发和生态环境建设，发展科技教育。2001年又增发1 000亿元建设国债，用于弥补前期基础设施在建项目后续资金不足。2002年发行1 500亿元长期建设国债，用于在建国债项目、西部开发项目、重点企业技术改造、生态环境保护和科技教育发展等。2003年发行长期建设国债1 400亿元，重点用于5个领域，其中就包括继续支持社会公共基础设施建设，确保重大项目的投入和建设。由此可见，实施积极（扩张性）财政政策的前6年中，我国对基础设施领域，实施了连续、大规模的投资。我们认为，随着政府基础设施投资时间的推移，基础设施投资的拉动效应会逐步递减。在接下来的几年中，如果再按原来的路子走下去，一方面已很难找到效益高、辐射带动作用强的“好项目”，另一方面可能会加大政策实施风险。由此，如果积极(扩张性)财政政策要持续下去，那么必须调整政策取向，提高政策效果。例如增加对公用事业特别是农村公共事业的投资，着力解决农民行路难、看病难、子女上学难、吃水难等问题，促进城乡经济社会协调发展；国债资金重点向农村倾斜、向结构调整倾斜、向中西部特别是西部地区倾斜、向生态环境建设倾斜。

积极(扩张性)财政政策的调整和转型，一方面是防止债务风险的形成；另一方面是出于经济效益的考虑。在积极(扩张性)财政政策持续的过程中，还应该集中力量解决积极(扩张性)财政政策实施过程中存在的问题，例如项目决策失误、国债资金被挤占和被挪用、国债工程质量不达标等现象。

6.3.3 从经济约束的角度看积极(扩张性)财政政策下增发国债的可持续性

与国债的经济负担一样，积极(扩张性)财政政策下国债政策的“挤出效应”和通货膨胀效应也构成了对经济的约束。试想如果国债政策存在严重的“挤出效应”，那么这样的财政政策肯定是不可持续的。从前面的分析可知，目前阶段我国增发国债的赤字财政政策(或扩张性财政政策)尚不存在“挤出效应”，相反倒是存在“挤入效应”。所以，“挤出效应”对于我国继续采取增发国债的积极(扩张性)财政政策而言，并不构成约束。①

通货膨胀是采取国债政策重要的约束条件。如果目前的财政政策存在严重的通货膨胀的压力，那么这一财政政策肯定是不可持续的。在20世纪90年代中期以前，我国国债发行对通货膨胀曾起到了不自觉的推动作用。举债规模的不断膨胀，恰恰是和我国物价总水平的一再上扬同步发生的。1985年国债增幅实现第一个跳跃，达到42.51%，而同年通货膨胀率竟创历史新高为11.9%；在1987年国债增幅达到86.96%后，1988年通货膨胀率首次突破20%的大关；1994年伴随着国债规模首次突破5亿元大关，通货膨胀率在20%上居高不下。

而从20世纪90年代中后期以来，我国市场供求环境发生根本变化。

---

① 国内许多学者都认为我国目前实施的财政政策不具有挤出效应，例如贾康：“我国财政政策的简要回顾与效应评析”，《财经论丛》，2003年1月。

1998年以来国债扩张政策遇到的是全面供大于求的市场经济环境。政府支出扩大形成的有效需求增长很快就被庞大的过剩供给所淹没。市场价格不但不会上升,反而持续下降。尽管后来通货紧缩的局面基本得到缓解,但以国债投资为主的积极财政政策仍有继续实施的必要,而且通货膨胀的可能性不会太大。从居民消费价格指数来看,从2001年10月至2003年1月这段期间,居民消费价格指数一直为负增长,2003年1月居民消费价格指数转为正增长,当月同比上升0.4%。第二、三季度在非典疫情的影响下回升趋势减缓,但10月之后,又呈加速上升态势,10月上升1.8%,11月达到3%。2004年1月居民消费价格指数上升为3.2%,创自1998年出现通货紧缩趋势以后的新高,这主要是以食用油、小麦、面粉为代表的食品类价格的大幅回升所致。尽管粮食价格出现较大的恢复性上涨,但粮食供应并未出现严重短缺,消费增长依然乏力,短期内不会出现严重的通货膨胀。

从零售商品物价指数的变动图,也能直观地看出,这一时期内通货膨胀的压力不太大(见图6-8)。

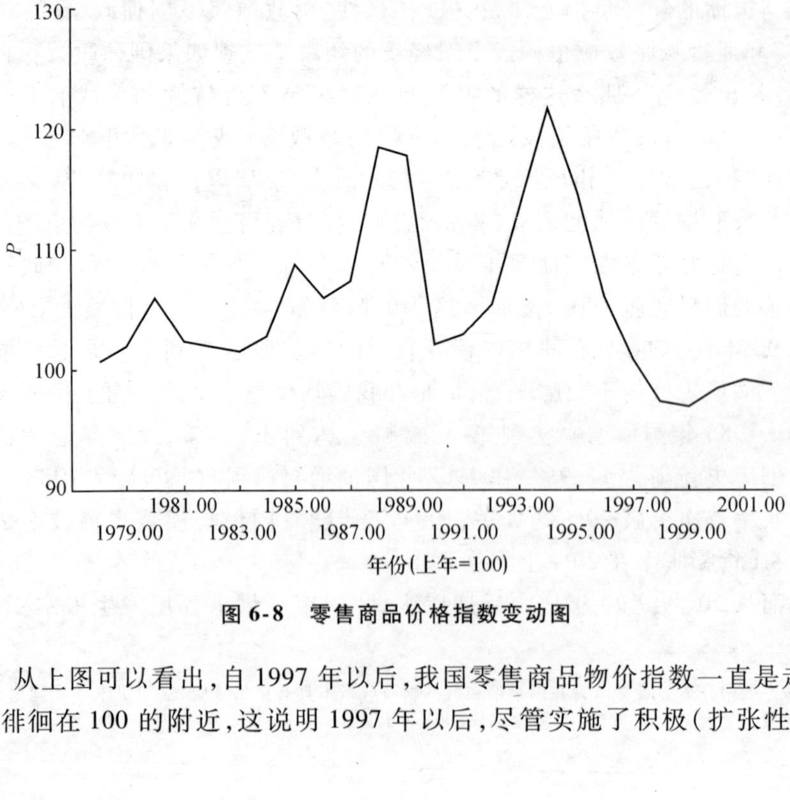

图6-8　零售商品价格指数变动图

从上图可以看出,自1997年以后,我国零售商品物价指数一直是走低的,徘徊在100的附近,这说明1997年以后,尽管实施了积极(扩张性)的财政政策，但我国物价水平的变动不大。自1998年末以后，我国商品零售价格指数除2001年3月出现过一次正增长，其他均为负值，2003年3月商品零售价格指数由负增长转为正增长，当月增长0.2%，以后有所回落，但10月再次呈现正增长。2003年3月零售商品价格指数由负增长转为正增长，可以作为我国基本摆脱通货紧缩阴影的重要转折。目前我国居民消费价格指数和商品零售价格指数增长较为正常，是价格的合理回归和正常波动。赤字率与物价指数的相关程度不大。鉴于目前我国物价水平回升缓慢，因而给增发国债政策的可持续留下了空间。①

尽管从居民消费价格指数和商品零售价格指数来看，我国物价回升较慢，不会构成严重的通货膨胀威胁。但需要引起警惕的是生产资料价格增长已连续出现了偏高的趋势，2003年10月，生产资料价格指数达到了9.4%，比上年同期加快10.4个百分点，2003年1—10月生产资料价格同比上升7.5%，比上半年加快4个百分点，比上年同期加快11.1个百分点。2004年1月生产资料销售价格上涨幅度扩大到14.1%，为近几年的最大幅度。令人欣慰的是，2004年以来，国家针对生产资料价格大幅度上涨和粮食价格明显上升的现象，已经采取了控制过热的开发区、工业园以及部分行业的固定资产投资，积极组织产销区粮食调拨，增加短缺品种粮食进口，扩大粮食播种面积等增加粮食生产与供应、稳定粮价的措施。笔者认为，只要国家的各项经济政策措施得到认真的贯彻执行，生产资料价格和粮食价格大幅度上升的态势得到有效的控制，就不会出现严重的通货膨胀。

改革开放以来，除去国际原因外，我国在1987—1988年及1993—1994年出现过两次严重的通货膨胀，当时出现严重通货膨胀的共同特点，均是固定资产投资和消费增长双膨胀，且伴随着工业品出厂价格的大幅度上涨以及粮食供应短缺、粮价大幅度上涨的现象。而目前我国经济运行仅仅是出现了固定资产投资膨胀，消费增长仍然低迷甚至不足，工业品出厂价格仅仅上涨2.3%。粮食价格虽然出现较大的恢复性上涨，但粮食供应并未出现严重短缺。

比较可知，消费需求增长乏力，是改革开放以来我国经济中两次发生严重通货膨胀时期经济运行中的一个特点。此外，进入21世纪后，我国总

---

① 数据来自国家发改委宏观经济研究院经济形势分析课题组："2003年宏观经济形势分析及2004年展望"，《中国金融》，2004年第1期。

体上仍处于供求平衡或供略大于求的总体格局,这与1987—1988年以及1993—1994年短缺经济的供给环境存在根本性的区别。从发展来看,由于1997年以后居民收入增长连续7年低于GDP的增长幅度,且在社会上存在大规模的下岗失业人员,社会保障体制不健全,人们的收入预期下降、支出预期上升的情况下,如果不改变国民收入分配格局,消费不出现膨胀的局面,则难以拉动居民消费价格的大幅度上涨。

综合以上各层面的分析,我们认为,在我国至少短期阶段存在着实行积极(扩张性)财政政策的可持续性。2008年后,我们应对世界经济危机冲击的实践又一次证明了这一点。

6.3.4 结论

通过前面的多角度的分析,我们认为短期内增发国债的积极(扩张性)财政政策还是可以持续的。同时,积极(扩张性)财政政策的转型和调整也是必要的。从长期角度考察,国债的合理规模主要取决于经济增长、利率变动之间的关系。因此,任何能够促进经济增长和保持利率稳定的政策措施都将有利于实现国债政策的可持续性。在我国,促使产业结构的升级与变化,实现有利于提高经济效率的制度改革和创新,促进资本积累和技术进步,都将为我国未来长期经济增长提供充足的保证,也就为国民经济承担可能出现的更大规模的国债负担创造条件。实现我国未来时期利率水平稳定,就要实现宏观经济与社会环境的稳定;建立竞争有序的金融开放策略,防止国际游资的任意流动,避免由于过快开放金融市场造成金融产品价格大幅度波动和资本外逃;灵活运用财政政策与货币政策,避免利率的频繁波动。

从根本上讲,政府债务风险的核心在于到期能否偿还债务,如果国债到期时,政府可以筹集足够资金偿债,那么就不存在所谓的债务风险。建立国债投资的退出机制,将回收的资金作为偿还债务的一个重要来源是增强继续实施积极财政政策的财力保证和提高其可持续性的可行方法。1998年来积极(扩张性)财政政策国债资金的使用,绝大部分(90%)投向了具有外部效益和一定赢利能力的交通通信、城市基础设施(电、水、公交)、经济适用房等六大基础设施和部门(其中不少具有相当的市场赢利水平),为通过国债投资项目的管理来回收投资资金从而增强积极财政政策的可持续性提供了现实基础。因此,在这一背景下,可以考虑从两个方面加强国债资金的回收和循环使用。一是将国债资金转借地方政府使用,由地方政府偿还。这不仅有利于分散和降低中央债务的压力，而且有利于清理目前地方政府中业已存在的不规范的融资行为和非法的融资渠道。1998年、1999年分别已经有500亿和300亿国债由中央转贷给地方使用。由于地方项目投资有明确的收益范围和利益约束，这样有利于地方加强对国债的使用和效益的管理。从这些国债投向项目看，大部分都还具备还本付息的能力。因而，在继续实施积极财政政策中要进一步实施国债转贷，同时为强化地方政府还债的约束力，必须从法律上规范地方政府的各项行为。二是通过资本市场回收国债投资资金。包括对国债投资项目的上市予以优先安排和必要的政策倾斜，通过股票市场实现资金回收；项目开始产生收益进入经营稳定期时，通过资产证券化手段将政府国债贷款转化为分散可流通的市场证券，出售证券回收资金；在产权交易市场上通过各种并购手段将这些项目转让给各类民间投资者，实施国债资金的退出与回收等三种形式。

第7章

我国积极(扩张性)财政政策实施过程中存在的主要问题

1998年后实行的积极(扩张性)财政政策尽管取得了举世瞩目的成绩,但仍然存在以下方面的问题。

第一,大规模国债投资只是遏制了经济增长的下降势头,但是并没有使经济进入正常上升的道路,经济持续增长的基础仍不稳定,因为经济发展中面临的结构性矛盾不是一朝一夕能够解决的。

第二,在国债投资项目决策和资金管理中,仍有许多不可忽视的问题。具体有以下几个方面:

一是部分投资项目决策失误。在国债投资项目选择上,由于投资项目决定权和还款责任分属于国家发改委和财政部门,负责确定投资项目的机构不承担责任,承担还款风险的机构不参与投资项目论证。权力和责任不统一,具体到投资项目上来讲只有利益,没有风险,这就形成了全国上下很强的投资冲动,在一定程度上造成了国家投资使用分散,建设战线拉长,部分投资项目因信息不对称导致决策失误,直接造成国债资金的损失和浪费。

二是部分国债投资项目上马仓促,前期准备工作不充分。如山东境内淮河流域的污水处理项目,在前期准备工作不具备的情况下,国债投资资金已经下达,形成了"边勘察、边设计、边施工"的局面,影响了国债投资资金的使用效益。

三是挪用国债投资资金的现象时有发生。从对国债投资资金的专项核查来看,很多地方、很多项目都有国债资金被挤占挪用的问题。如在湖北省荆州市界牌河段上江干堤综合治理项目建设中,被骗取和私分的国债资金达206万元。

四是部分国债投资项目配套资金不落实、不到位。据国家审计署对9个省的污水处理项目国债资金管理使用情况的审计,发现由于地方政府争取项目较多,超出了地方配套的能力,国债项目地方配套资金的到位率只有60%多一点,银行贷款到位情况也不理想,审计的37个污水处理项目中,有15个项目未按计划完工或开工;16个已完工的项目中,有7个达不到设计要求,普遍存在配套设施落后于主体工程建设以及运行费用不足等问题,造成设备闲置,投入的国债资金不仅发挥不出应有的效益,而且使地方政府背上了沉重的包袱,直接形成了债务风险。①

第三,我国目前投资增长的基本模式是国债投资资金带动银行信贷扩张,无论是资本金还是贴息形式,国债投资资金在保证项目稳定收益方面都是不可或缺的。目前,银行有为国债投资项目配套资金的积极性,但是随着时间的推移,国债投资项目逐步倾向于生态建设等直接经济收益较低或无短期直接经济收益项目,适宜银行投资的项目越来越少,这样,国债投资拉动银行及社会资金的难度增大。

第四,国债投资项目通常在中央国债资金投入的同时,要求地方资金和银行信贷配套。未来国债资金偿还还可以通过发新还旧的方式来解决,但是,银行贷款的偿还必须通过投资项目本身的赢利解决。国债投资项目大多是基础设施,收益性不强,这就给银行贷款带来了潜在的、巨大的坏账风险。

第五,财政支出与收入政策相互抵触,政策效应被削弱。政府一方面不断扩张财政支出,一方面不断加大税收征管力度,税收收入每年增加1 000亿元以上。税收增加增强了政府可支配财力,有利于政府对经济的调控。但税收增加降低了边际消费倾向,降低了投资的乘数效应,影响了国民收入的更快增长。税收增加也增大了企业和个人的负担,降低了企业和个人进一步扩大投资的能力与积极性。

第六,运用国债投资资金进行基础设施建设的有效性不足。基础设施建设盲目求新求大也会带来有效性不足的问题,难以在短期内形成对经济增长的支持。目前,大规模的基础设施建设已使一些地区(沿海地区)的基础设施规模大大超前于经济发展的现实需要,边际效益大大降低,甚至出现很大程度的闲置与浪费。

第七,工程建设、招投标、监理过程中的不规范运作,也使大量财政资金流入个人和小集团的腰包,工程质量难以保证,形成大量"豆腐渣"工

---

① 数据来自宫淑玫:"积极财政政策的风险和防范研究",《中国财经信息资料》,2004年第4期。

程,这使得实物资产的增长大打折扣。

我们认为,以上各方面的问题,不但会加大国债投资的风险,而且还会降低国债投资的经济效应和社会效应,因此政府一定要高度重视,严肃处理这些问题。具体而言,要加强国债投资资金及项目管理,确保配套资金及时到位,认真做好项目收尾工作,争取较快建成投资,继续加大宣传、检查、审计力度,杜绝挤占、挪用国债投资资金的现象,保证工程质量,对收益性较弱的项目以及落后地区,国债资金应加大投入,减少对这些项目和地区配套资金的要求。

7.1 积极(扩张性)财政政策对消费函数影响的实证分析

7.1.1 模型变量的选取

按照凯恩斯主义的消费理论,消费 C 一般是税后可支配收入($y-t(y)$)的函数。威廉·布朗森(William H. Branson)在他写的《宏观经济理论与政策》(*Macroeconomic Theory and Policy*)一书中,考虑消费的财富效应,将私人部门的财富 A 引入消费函数。而且他还假定扩展的消费函数具有以下性质:

$$C = c(y - y(t), A), \quad \frac{\partial c}{\partial(y - t(y))} > 0, \quad \frac{\partial c}{\partial A} > 0$$

私人部门的净资产 A 包括三项:中央银行的储备值 S,即货币供给部分,它是私人部门对政府的债权;公众持有的政府部门的债券值 D;私人部门的存量资本 K,它包括股票市场的份额、个人的房产值、土地和耐用品消费。即:$A=K+S+D$。

在我们的消费函数分析中,依然按照布朗森的分析,将消费看做是可支配收入和私人部门财富 A 的函数。不同的是,用银行的居民储蓄存款的年末余额取代 S;将国债的年末余额表示为 D;用股票的年末市值 K 表示私人部门的存量资本。消费数据用《中国统计年鉴》中提供的最终消费量来表示。由此可见,$c=c(y-t(y),s,k,d)$。对消费函数进行估计的目的是分析国债 D 的作用。从各年的《中国统计年鉴》、《中国金融年鉴》和《中国证券期货统计年鉴》上选取这些宏观经济变量 1978—2002 年的历年数据，运用 EViews 软件进行消费函数的回归分析。

7.1.2 消费函数的回归分析

Case 1：令 $y - t(y) = Y_2$，以 C 为被解释变量，$(y - t(y))$、S、K、D 为解释变量，利用 EViews 进行回归。得到的方程为：

$$\text{CONSUMPTION} = 0.58227297 * \text{DEBT} + 0.058698203 * \text{K} - 0.095014942 * \text{S} + 0.66185052 * \text{Y2} \quad (7\text{-}1)$$

式(7-1)的 R-Squared = 0.998852，adjusted R-Squared = 0.998359，可支配收入 Y_2 前的参数的 t 值为 16.09397，通过 t 检验。国债余额 D 前的参数的 t 值为 2.408626，通过 t 检验。储蓄余额 S 前的参数的 t 值为 −1.054718，没有通过 t 检验。股票市值 K 前的参数的 t 值为 1.930454，没有通过 t 检验。DW 值为 2.228607，查表可知，当 $n = 11$，$k' = 4$ 时，du = 2.03，可见 DW 值落在残差项不存在自相关的区间。综上所述，式(7-1)模型需要进一步调整。

Case 2：在前面回归的基础上，去掉 S，重新进行回归得：

$$\text{CONSUMPTION} = 0.45756427 * \text{DEBT} + 0.066459318 * \text{K} + 0.57681658 * \text{Y2} + 1\,673.0135 + [\text{AR}(1) = -1.3055039] \quad (7\text{-}2)$$

式(7-2)的 R-Squared = 0.999835，adjusted R-Squared = 0.999703，可支配收入 Y_2 前的参数的 t 值为 135.3287，通过 t 检验。国债余额 DEBT 前的参数的 t 值为 13.01835，通过 t 检验。股票市值 K 前的参数的 t 值为 5.732004，通过 t 检验。AR 是一种自回归模型，AR(1)表示一阶自回归，AR(1)的 t 值为 −3.785056，通过 t 检验。AR(1)是笔者利用 EViews 程序经过多次调试，选择的最优结果。它反映了消费的滞后一期自相关。DW 值为 1.946922，查表可知，当 $n = 11$，$k' = 3$ 时，du = 1.640，可见 DW 值满足：du = 1.640 < DW = 1.946922 < 4 − du = 2.360，这表明残差项不存在自相关。综上所述，式(7-2)模型各项检验均通过，拟合得较好。

Case 3：在 Case 1 的基础上，考虑到 K 只是 1992 年后的事情，因此不妨试试将 K 去掉后，重新进行回归得：

$$\text{CONSUMPTION} = 0.71797094 * \text{DEBT} + 0.63292229 * \text{Y2} + 1\,037.8487 - 0.074254221 * \text{S} \quad (7\text{-}3)$$

式(7-3)的 R-Squared = 0.999414，adjusted R-Squared = 0.999317，可支配收入 Y_2 前的参数的 t 值为 14.00940，通过 t 检验。国债余额 DEBT 前的参数的 t 值为 3.505587，通过 t 检验。储蓄余额 S 前的参数的 t 值为

-0.860748,没有通过 t 检验。DW 值为 1.543655,查表可知,当 $n=21,k'=3$ 时,du = 1.408,可见 DW 值满足:du = 1.408 < DW = 1.543655 < 4 - du = 2.592,这表明残差项不存在自相关。综上所述,式(7-3)模型需要进一步调整。

通过前面三种情形的分析,我们发现,当 S 和 DEBT 同时作为解释变量时,S 总是难以通过 t 检验。根据经验,我们认为国债余额和储蓄余额之间很可能存在线性关系。于是不妨利用它们的实际数据,进行散点图分析(见图 7-1):

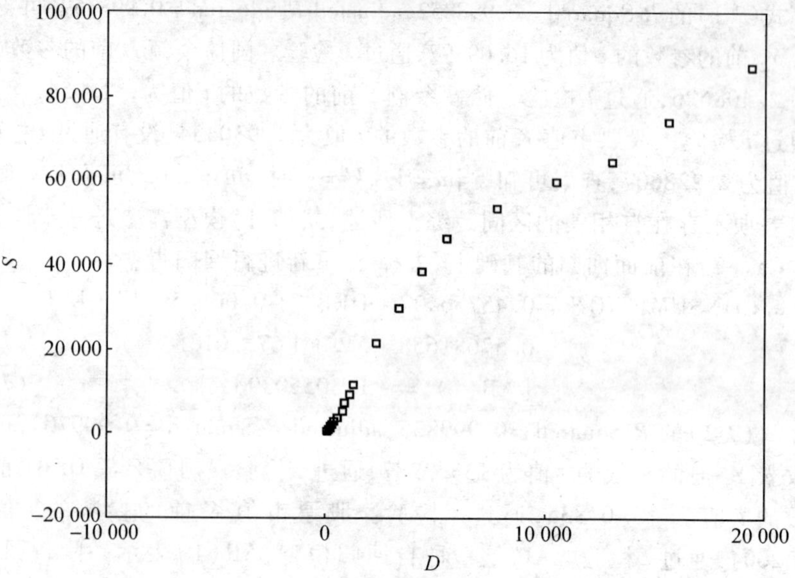

图 7-1　国债余额和储蓄余额散点图

从散点图 7-1 可以看出,国债余额和储蓄余额之间确实存在类似线性的关系,由此可见,选择二者之一作为消费函数的解释变量是合理的。

Case 4:在 Case 3 基础上,去掉 S,重新进行回归,得:

$$\text{CONSUMPTION} = 0.54643258 * \text{DEBT} + 0.59481153 * \text{Y2} + 1\,249.8952 \quad (7\text{-}4)$$

式(7-4)的 R-Squared = 0.999390,adjusted R-Squared = 0.999326,可支配收入 Y_2 前的参数的 t 值为 66.67181,通过 t 检验。国债余额 DEBT 前的 t 值为 11.65191,通过 t 检验。DW 值为 1.517453,查表可知,当 $n=21,k'=2$ 时,du = 1.277,可见 DW 值满足:du = 1.277 < DW = 1.517453 < 4 - du = 2.723。这表明残差项不存在自相关。综上所述,式(7-4)模型拟合得较

好。尽管从形式上来看，式(7-4)拟合得较漂亮，但是 Case 4 没有考虑股市的财富效应，这也许是一种不足。这时我们可以通过考察 K 和 CONSUMPTION 的散点图来进行分析。K 和 CONSUMPTION 的散点图表明，它们确实存在相关关系。由于线性回归是将变量之间的非线性关系近似线性化的过程，因而，1992 年以来，以股市市值作为消费的解释变量是可以接受的。当然，也许有人认为它们之间可能存在伪回归。但我们认为，它们之间的关系一方面有消费理论作基础，另一方面实际数据又提供了线性证据。因此，它们之间的因果关系应该是可以接受的。

Case 5：既然 DEBT 和 S 之间存在明显的线性关系，那么不妨在 Case 1 的基础上，去掉 DEBT，保留 S，然后进行回归。得到的方程为：

$$\text{CONSUMPTION} = 0.46974821 * \text{Y2} + 3\,064.5381 + 0.1705998 * \text{S} + 0.10418477 * \text{K} + [\text{AR}(1) = -0.55594962] \quad (7\text{-}5)$$

式(7-5)的 R-Squared = 0.999254，adjusted R-Squared = 0.998657，可支配收入 Y_2 前的参数的 t 值为 17.92800，通过 t 检验。储蓄余额 S 前的参数的 t 值为 5.661441，通过 t 检验。DW 值为 2.050444，查表可知，当 $n = 19$，$k' = 2$ 时，$du = 1.265$，可见 DW 值满足：$du = 1.265 < DW = 2.050444 < 4 - du = 2.735$，这表明残差项不存在自相关。综上所述，式(7-5)模型拟合得较好。而且式(7-5)实际上是 1992 年后，中国消费函数的一种估计形式。

Case 6：如果我们承认式(7-5)可能是 1992 年后的消费函数形式，那么 1992 年前的消费函数形式又是怎样的呢？笔者在 Case 3 的基础上，选取 1978—1991 年间有关数据，对消费函数进行了估计。得到的方程为：

$$\text{CONSUMPTION} = -2.4478519 * \text{DEBT} + 0.85954466 * \text{Y2} \quad (7\text{-}6a)$$

式(7-6a)的 R-Squared = 0.995729，adjusted R-Squared = 0.995254，可支配收入 Y_2 前的参数的 t 值为 28.17349，通过 t 检验。国债余额前的参数的 t 值为 −4.016611，通过 t 检验。DW 值为 1.561199，查表可知，当 $n = 13$，$k' = 2$ 时，$du = 1.261$，可见 DW 值满足：$du = 1.261 < DW = 1.561199 < 4 - du = 2.739$，这表明残差项不存在自相关。综上所述，式(7-6a)的估计从技术上是可以接受的。

由于前面已经提及，我国国债余额和储蓄余额之间存在线性关系，因此在消费函数的估计过程中，我们可以保留 S 而去掉 DEBT，然后进行估计。这时得到的方程为：

$$\text{CONSUMPTION} = -0.24940146 * \text{S} + 0.83269335 * \text{Y2} + [\text{AR}(1) = 0.39624452] \quad (7\text{-}6b)$$

式(7-6b)的 R-Squared = 0.997516, adjusted R-Squared = 0.997019,可支配收入 Y_2 前的参数的 t 值为 29.14585,通过 t 检验。储蓄余额前的参数的 t 值为 -3.601874,通过 t 检验。DW 值为 1.879222,查表可知,当 $n=13, k'=2$ 时,$du=1.261$,可见 DW 值满足:$du=1.261<DW=1.879222<4-du=2.739$,这表明残差项不存在自相关。综上所述,式(7-6b)的估计从技术上也是可以接受的。

Case 7:本节的开始就已论述:消费一般是可支配收入和财富的函数,那么如果不考虑消费的财富效应,在 Case 6 的基础上,以 CONSUMPTION 为被解释变量,以 Y_2 为解释变量,对 1978—1991 年间的消费函数进行估计。经过多次的调整,最后得到的较为满意的方程为:

$$CONSUMPTION = 0.59904594 * Y2 + [AR(1) = 1.0673033] \quad (7\text{-}7)$$

式(7-7)的 R-Squared = 0.996274, adjusted R-Squared = 0.995935,可支配收入 Y_2 前的参数的 t 值为 4.440403,通过 t 检验。DW 值为 2.103998,查表可知,当 $n=13, k'=1$ 时,$du=1.038$,可见 DW 值满足:$du=1.038<DW=2.103998<4-du=2.962$,这表明残差项不存在自相关。综上所述,式(7-7)的估计从技术上也是可以接受的。

7.1.3 上述几种回归模型的比较分析

上述七种情况中,拟合得较好的模型有:

$$CONSUMPTION = 0.45756427 * DEBT + 0.066459318 * K + 0.57681658 * Y2 + 1\,673.0135 + [AR(1) = -1.3055039] \quad (7\text{-}2)$$

$$CONSUMPTION = 0.54643258 * DEBT + 0.59481153 * Y2 + 1\,249.8952 \quad (7\text{-}4)$$

$$CONSUMPTION = 0.46974821 * Y2 + 3\,064.5381 + 0.1705998 * S + 0.10418477 * K + [AR(1) = -0.55594962]; \quad (7\text{-}5)$$

$$CONSUMPTION = -2.4478519 * DEBT + 0.85954466 * Y2 \quad (7\text{-}6a)$$

$$CONSUMPTION = -0.24940146 * S + 0.83269335 * Y2 + [AR(1) = 0.39624452] \quad (7\text{-}6b)$$

$$CONSUMPTION = 0.59904594 * Y2 + [AR(1) = 1.0673033] \quad (7\text{-}7)$$

拟合得不好的模型有:

$$CONSUMPTION = 0.58227297 * DEBT + 0.058698203 * K -$$

$$0.095014942 * S + 0.66185052 * Y2 \quad (7\text{-}1)$$

$$\text{CONSUMPTION} = 0.71797094 * \text{DEBT} + 0.63292229 * Y2 + 1\,037.8487 - 0.074254221 * S \quad (7\text{-}3)$$

在上述六种拟合得较好的模型中有以下几个特点：

第一，都含有可支配性收入 Y_2，这说明消费确实受可支配性收入的影响。而且从式（7-7）的 R-Squared = 0.996274，adjusted R-Squared = 0.995935，可以看出，可支配收入对消费的解释程度是相当高的。

第二，在式(7-2)、式(7-5)及式(7-6b)中，都含有 AR(1)项，这说明当期消费至少受前期消费的影响。如果利用 SPSS 软件，对消费变量作自回归时间序列分析，可以看出消费的滞后影响情况。

消费自相关模型图：它反映的是相关系数的变化。

```
MODEL:  MOD_1.
Variable:  CONSUMPTION     Missing cases:  1     Valid cases:  25
Autocorrelations:    CONSUMPTION
     Auto- Stand.
Lag  Corr.   Err. -1  -.75  -.5 -.25   0   .25  .5   .75   1   Box-Ljung  Prob.


  1   .886   .189                .         *******.**********       22.068   .000
  2   .763   .185                .         ******.********          39.138   .000
  3   .637   .181                .         ******.******            51.590   .000
  4   .514   .176                .         ******.***               60.087   .000
  5   .389   .172                .         ******.*                 65.193   .000
  6   .260   .168                .         *****  .                 67.599   .000
  7   .133   .163                .         ***    .                 68.258   .000
  8   .020   .159                .       *     .                    68.275   .000
  9  -.073   .154                .      *      .                    68.497   .000
 10  -.144   .149                .   ***       .                    69.432   .000
 11  -.200   .144                . ****        .                    71.363   .000
 12  -.247   .139                .*****        .                    74.529   .000
 13  -.289   .133               *.****        .                     79.220   .000
 14  -.327   .128              **.****        .                     85.793   .000
 15  -.359   .122              **.****        .                     94.471   .000
 16  -.376   .115             ***.****        .                    105.084   .000
Plot Symbols:      Autocorrelations *     Two Standard Error Limits .
```

从上表可以看出，消费滞后 1 期影响的概率是 0.75，然后影响概率依次递减，到第 7 期时滞后影响概率小于 0.25。到第 8 期消费的滞后影响可以忽略不计。

第三,式(7-2)选取的是1992—2002年的样本,模型既考虑了消费受可支配收入的影响,又考虑了消费的财富效应,因而笔者认为式(7-2)充当1992年以来的中国消费函数应该是合适的。

由于前面分析表明,国债余额和居民储蓄存在明显的相关性,因此它们之间具有较强的替代性,因而,式(7-5)作为1992年的消费函数也应该是可以接受的。

当然,从技术上来说,式(7-2)应该更好,因为式(7-2)中不但解释变量各项参数在0.05的显著性水平上通过检验,而且AR(1)也在0.05的显著性水平上通过检验。而在式(7-5)中,AR(1)在0.05的显著性水平并没有通过检验。当然,由于经济变量之间一般是非线性关系,而线性回归分析是将变量之间非线性关系线性化,因而要严格地通过各项检验是不可能的。

第四,式(7-4)选取的样本是1978—2002年,而且估计中没有考虑股市的财富效应。由此,笔者对式(7-4)是持怀疑态度的。笔者认为,消费函数的估计最好以1991年为界,划分为两个阶段进行估计更合理。

第五,就式(7-6a)、式(7-6b)和式(7-7)而言,笔者认为式(7-7)反映出可支配收入对消费的影响,但是没有体现财富效应,因而是一种缺陷。相比之下,式(7-6a)和式(7-6b)作为1978—1991年间的消费函数可能更合理。就式(7-6a)和式(7-6b)本身而言,由于式(7-6b)考虑了消费的滞后影响,式(7-6a)没有考虑其影响,因而式(7-6b)可能比式(7-6a)更合理。但我们分析的目的是考察国债对消费的影响,因而我们分析问题时依然可以参考式(7-6a)。

7.1.4 结论

通过前面的分析,我们认为,消费函数的估计最好以1991年为界,分别估计。1978—1991年间的消费函数可以表示为:

$$\text{CONSUMPTION} = -0.24940146 * S + 0.83269335 * Y2 + [AR(1) = 0.39624452] \qquad (7\text{-}6b)$$

1992—2002年间的消费函数可以表示为:

$$\text{CONSUMPTION} = 0.45756427 * DEBT + 0.066459318 * K + 0.57681658 * Y2 + 1\,673.0135 + [AR(1) = -1.3055039] \qquad (7\text{-}2)$$

从式(7-6b)可以看出,在1991年以前,国债投资对消费并没有显著影响。我们认为,这主要是因为1991年以前,我国国债投资规模并不大,国债投资对消费的影响微弱。

从式(7-2)可以看出,1991 年后国债投资对消费有一定的影响。国债投资变量前的参数符号为正,这表示增发国债会刺激消费,例如国债的还本付息可以增加居民的可支配收入,从而刺激消费,等等。国债变量前的参数值约为 0.46,这表明尽管国债对消费有影响,但影响并不十分显著。

值得欣慰的是,我们从罗伯特·霍尔以及约翰·泰勒所著的《宏观经济学》中看到,安东和莫迪利阿尼也曾以可支配收入和总资产为解释变量,利用第二次世界大战之后的美国数据,对消费进行了回归。笔者的分析思路和他们的分析思路的共同之处,就是将简单消费函数进行了扩展,考虑了消费的财富效应。

消费函数回归分析的计算机输出结果详见附录一。

7.2 我国积极(扩张性)财政政策下国债投资对社会固定资产投资的影响

7.2.1 模型变量的选取

经济学中,一般将投资看作利率的函数,即 $i = i(r)$。但显然这不是对现实中复杂的投资决策的最好描述。威廉·布朗森在他的《宏观经济理论与政策》一书中,详细地考察了宏观投资需求的微观基础。他认为,从厂商的跨期最优化问题可知,一个理论的投资需求函数包括重置投资和净投资两个部分,重置投资是产出水平和利率的函数,净投资是产出变动和利率的函数。[①] 罗伯特·霍尔和约翰·泰勒在他们所著的《宏观经济学》(第五版)中也指出,投资是产量和利率的函数,产量增长越高,投资也就越多,实际利率越高,投资就越少。另一方面,在转轨时期的中国,国债投资在社会总投资中起了重要作用。而且本节的目的之一是考察国债对社会固定资产投资的影响。基于此,本节投资函数初步设定为:$i = i(y, r, \Delta y, \text{debt})$。利用中国的实际数据,对这一投资函数进行估计。

---

① William H. Branson(1989), *Macroeconomic Theory and Policy*, third edition, R. R. Donnelley & Sons Company.

7.2.2 模型的估计

Case 1:首先按照经济学中规范的投资函数,选取变量进行回归。以投资 i 作为被解释变量,以利率 r、国内生产总值 y 及产出的变动 Δy 作为解释变量,选取我国 1988—2002 年相关变量的数据,进行简单的线性回归。得到的方程为:

$$I = 0.34886846 * Y + 0.71913876 * Y2 + 86.863184 * R - 1\,474.4704 + [AR(3) = -0.71909815] \quad (7\text{-}8)$$

其中 Y_2 表示 Δy。

式(7-8)的 R-squared 为 0.993293, adjusted R-squared 为 0.988821。这说明模型整体拟合得较好。国内生产总值 Y 前的参数的 t 值为 14.17369,通过 t 检验。产出变动 Y_2 前的参数的 t 值为 1.634456,没有通过 t 检验。实际利率 R 前的参数的 t 值为 0.752033,没有通过 t 检验。DW 值为 2.509637,查表可知,当 $n = 11, k' = 3$ 时,$du = 1.640$,由此 DW 值满足:$4 - du = 2.360 < DW < 4 - dl = 3.604$,因此无法判断残差项是否满足自相关。综上所述,式(7-8)需要进一步的调整。

Case 2:在 Case 1 的基础上,去掉 r,重新进行回归,得到的方程为:

$$I = 0.34511889 * Y + 0.81686637 * Y2 - 1\,012.0639 + [AR(3) = -0.43702469] \quad (7\text{-}9)$$

式(7-9)的 R-squared 为 0.995398, adjusted R-squared 为 0.994535。这说明模型整体拟合得较好。国内生产总值 Y 前的参数的 t 值为 23.57322,通过 t 检验。产出变动 Y_2 前的参数的 t 值为 2.197947,通过 t 检验。实际利率 R 前的参数的 t 值为 0.752033,没有通过 t 检验。DW 值为 1.416889,查表可知,当 $n = 20, k' = 2$ 时,$du = 1.271$,DW 满足:$du = 1.271 < DW < 4 - du = 2.729$。这表明残差项不存在自相关。综上所述,式(7-9)估计得较好。

Case 3:在 Case 1 的基础上,去掉 Y_2,重新进行回归,得:

$$I = 0.38132273 * Y - 1\,874.1066 + 41.045948 * R + [AR(3) = -0.70753609] \quad (7\text{-}10)$$

式(7-10)的 R-squared 为 0.990306, adjusted R-squared 为 0.986151。这说明模型整体拟合得较好。国内生产总值 Y 前的参数的 t 值为 23.07718,通过 t 检验。实际利率 R 前的参数的 t 值为 0.324398,没有通过 t 检验。DW 值为 1.661406,查表可知,当 $n = 11, k' = 2$ 时,$du = 1.297$,由此 DW 值满足:$du = 1.297 < DW < 4 - du = 2.703$,这表明残差项不存在自

相关。综上所述,式(7-10)需要进一步的调整。

Case 4:在 Case 1 的基础上,去掉 R 和 Y_2,重新估计投资函数得:

$$I = 0.39130179 * Y - 4\,483.7226 + [AR(7) = 0.77958567] \quad (7\text{-}11)$$

上式中的 AR(7)表示:当期的固定资产投资受它前面 7 期投资的影响,或者说本期固定资产投资会对今后 7 期的固定资产投资存在滞后影响。式(7-11)的 R-squared 为 0.993506,adjusted R-squared 为 0.992507。这说明模型整体拟合得较好。国内生产总值 Y 前的参数的 t 值为 25.83194,通过 t 检验。DW 值为 1.402882,查表可知,当 $n=16,k'=1$ 时,$du=1.086$,由此 DW 值满足:$du=1.086<DW<4-du=2.914$,这表明残差项不存在自相关。综上所述,式(7-11)估计得较好。

Case 5:现在引入国债,以投资为被解释变量,以 y、r、Δy、debt 为解释变量,选取中国 1988—2002 年的相关变量的数据,进行简单的线性回归。得到的方程为:

$$I = 0.21302575 * Y + 3.3762894 * DEBT - 45.058494 * R + 0.31477784 * Y2 - 921.04058 \quad (7\text{-}12)$$

其中 Y_2 表示 ΔY。

式(7-12)的 R-squared 为 0.997549,adjusted R-squared 为 0.996569。这说明模型整体拟合得较好。国内生产总值 Y 前的参数的 t 值为 5.662441,通过 t 检验。产出变动 Y_2 前的参数的 t 值为 2.917048,通过 t 检验。实际利率 R 前的参数的 t 值为 -0.959576,没有通过 t 检验。DEBT 前的参数的 t 值为 5.919280,通过 t 检验。DW 值为 2.336693,查表可知,当 $n=15,k'=4$ 时,$du=1.740$,由此 DW 值满足:$4-du=2.260<DW<4-dl=3.512$,因此无法判断残差项是否满足自相关。综上所述,式(7-12)需要进一步地调整。

Case 6:因此不妨在 Case 5 的基础上,将 R 去掉,然后再重新进行回归。这时得到的方程为:

$$I = 0.18069056 * Y + 3.7538379 * DEBT + 0.36656383 * Y2 - 277.90323 \quad (7\text{-}13)$$

式(7-13)的 R-squared 为 0.998248,adjusted R-squared 为 0.997998。这说明模型整体拟合得较好。国内生产总值 Y 前的参数的 t 值为 7.960465,通过 t 检验。产出变动 Y_2 前的参数的 t 值为 5.600016,通过 t 检验。DEBT 前的参数的 t 值为 9.652380,通过 t 检验。DW 值为 1.906308,查表可知,当 $n=25,k'=3$ 时,$du=1.409$,由此 DW 值满足:$du=1.409<DW<4-du$

=2.591,因此残差项不存在自相关。综上所述,式(7-13)估计得较好。

Case 7:如果在 Case 5 的基础上,去掉 Δy,即 Y_2,以投资 I 为被解释变量,国债发行量 DEBT、国内生产总值 GDP、真实利率 R 为解释变量,重新进行回归,得到的方程为:

$$I = 0.25685195 * Y + 2.9185061 * DEBT - 224.03115 * R + 405.42042 + [AR(2) = -0.060317684] \quad (7\text{-}14)$$

式(7-14)的 R-squared 为 0.997335,adjusted R-squared 为 0.996003。这说明模型整体拟合得较好。国内生产总值 Y 前的参数的 t 值为 7.667244,通过 t 检验。实际利率 R 前的参数的 t 值为 -4.386823,通过 t 检验。DEBT 前的参数的 t 值为 5.397785,通过 t 检验。DW 值为 2.077775,查表可知,当 $n=13$,$k'=3$ 时,$du=1.526$,由此 DW 值满足:$du=1.526 < DW < 4-du = 2.474$,因此残差项不存在自相关。综上所述,式(7-14)估计得较好。

7.2.3 回归结果的比较和分析

从上面各种情况的投资函数的估计,拟合得较好的投资函数有:

$$I = 0.34511889 * Y + 0.81686637 * Y2 - 1\,012.0639 + [AR(3) = -0.43702469] \quad (7\text{-}9)$$

$$I = 0.39130179 * Y - 4\,483.7226 + [AR(7) = 0.77958567] \quad (7\text{-}11)$$

$$I = 0.18069056 * Y + 3.7538379 * DEBT + 0.36656383 * Y2 - 277.90323 \quad (7\text{-}13)$$

$$I = 0.25685195 * Y + 2.9185061 * DEBT - 224.03115 * R + 405.42042 + [AR(2) = -0.060317684] \quad (7\text{-}14)$$

那么究竟应该选择哪个作为投资函数?从拟合优度来看:

式(7-9)的 R-squared 为 0.995398,adjusted R-squared 为 0.994535。

式(7-11)的 R-squared 为 0.993506,adjusted R-squared 为 0.992507。

式(7-13)的 R-squared 为 0.998248,adjusted R-squared 为 0.997998。

式(7-14)的 R-squared 为 0.997335,adjusted R-squared 为 0.996003。

由此可见,从拟合优度很难区分它们的优劣。式(7-9)和式(7-11)的估计过程中,没有考虑国债,式(7-13)既保留了式(7-9)和式(7-11)的解释变量,又考虑了国债,而且拟合度较高,通过了各项参数检验,因此笔者认为,式(7-13)作为投资函数也许比式(7-9)和式(7-11)更合理。

从国债和投资的实际数据的散点图来看,它们存在较好的线性关系

(见图 7-2)。由此,用国债作为投资函数的解释变量是合理的。

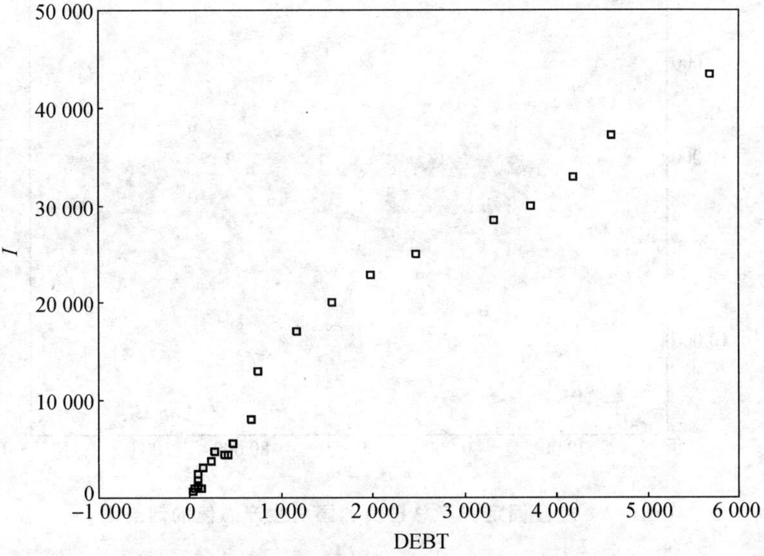

图 7-2　国债和社会固定资产总投资的散点图

从产出和投资实际数据的散点图可以看出,它们之间存在明显的线性关系(见图 7-3)。由此可见,选取国内生产总值作为社会固定资产总投资的解释变量也是合理的。

综上所述,选取国内生产总值和国债发行量作为社会固定资产总投资的解释变量是合理的。

而就式(7-13)和式(7-14)而言:式(7-13)中含有产出变动量,不含 R;而式(7-14)中含有 R 却不含产出变动量。尽管存在解释变量的区别,但式(7-13)和式(7-14)均有较好的检验统计指标,均含有国债。那么究竟选择哪个投资函数更为合理?笔者认为,要区别这两个函数,不妨先考察一下 R 和 Y_2 之间的线性关系。利用 SPSS 软件得到它们的线性相关矩阵为:

Correlations

		Y2	R
Y2	Pearson Correlation	1.000	−0.201
	Sig. (2-tailed)	.	0.472
	N	15	15
R	Pearson Correlation	−0.201	1.000
	Sig. (2-tailed)	0.472	.
	N	15	15

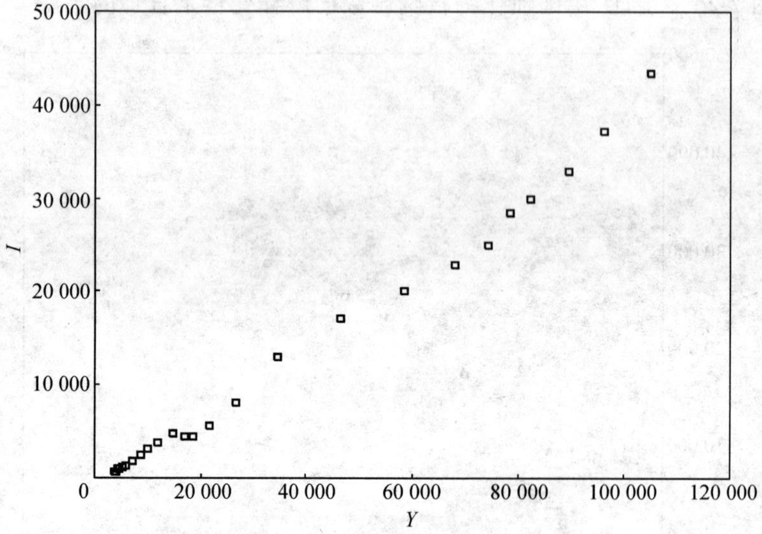

图 7-3　社会固定资产总投资和国内生产总值的散点图

得到的散点图如图 7-4 所示：

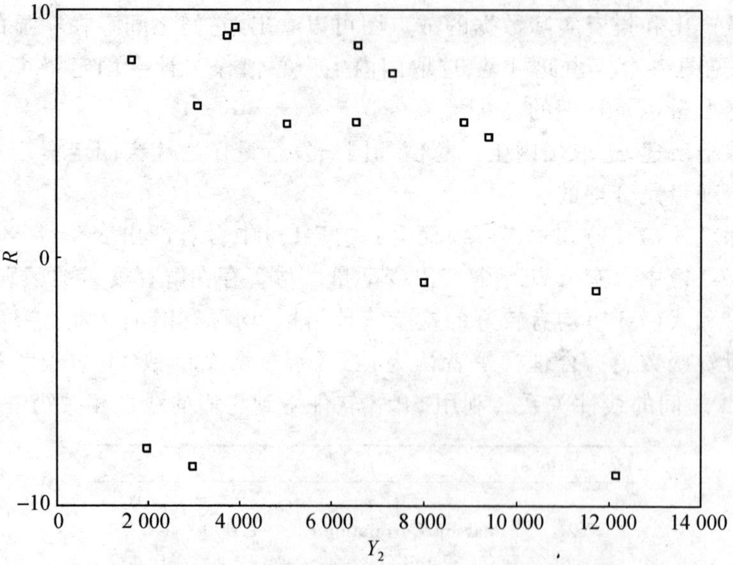

图 7-4　国内生产总值变动额与真实利率的散点图

从 R 和 Y_2 的相关矩阵和散点图可以看出，二者线性相关程度较弱。这也就更进一步说明，选择式(7-13)或者式(7-14)作为投资函数是存在区别的。既然我们否定了真实利率和国内生产总值变动额之间的明显线性关系,那么也就排除了式(7-13)和式(7-14)之间明显的替代性。

仔细比较式(7-13)和式(7-14),我们还会发现,式(7-13)中不含有社会固定资产总投资的自相关项,而式(7-14)含有社会固定资产总投资自相关项。由此,我们不妨考察一下社会固定资产总投资的自相关关系。利用SPSS软件,对社会固定资产总投资数据作自相关分析,结果如下:

```
MODEL:  MOD_1.
Autocorrelations:    I
Auto- Stand.
Lag  Corr.   Err. -1  -.75  -.5 -.25   0   .25  .5   .75   1  Box-Ljung  Prob.
                  ⇩⇩⇩⇩⇩⇩⇩⇩⇩⇩⇩⇩⇩⇩⇩⇩⇩⇩⇩⇩⇩⇩⇩⇩⇩⇩⇩⇩⇩⇩⇩⇩⇩⇩⇩⇩⇩⇩⇩⇩
  1   .855   .189               .      ⇔*******.*********         20.559   .000
  2   .727   .185                .     ⇔******.********           36.083   .000
  3   .608   .181                .     ⇔******.*****              47.438   .000
  4   .493   .176                .     ⇔******.***                55.244   .000
  5   .370   .172                .     ⇔*******                   59.855   .000
  6   .255   .168                .     ⇔*****  .                  62.166   .000
  7   .140   .163                .     ⇔***    .                  62.901   .000
  8   .032   .159                .     ⇔*     .                   62.942   .000
  9  -.069   .154                .    *⇔      .                   63.143   .000
 10  -.152   .149                .  ***⇔      .                   64.189   .000
 11  -.205   .144                . ****⇔      .                   66.213   .000
 12  -.244   .139                .*****⇔      .                   69.314   .000
 13  -.278   .133                *.****⇔     .                    73.666   .000
 14  -.311   .128                *.****⇔     .                    79.592   .000
 15  -.343   .122               **.****⇔     .                    87.512   .000
 16  -.356   .115               **.****⇔     .                    97.034   .000
Plot Symbols:      Autocorrelations *     Two Standard Error Limits .
Total cases:  25     Computable first lags:  24
```

从以上计算机输出结果可以看出,社会固定资产总投资确实存在较强的滞后影响,具体而言,它存在8期滞后影响。滞后8期的相关系数为0.032。直到第9期滞后影响才变为负值。由此可见,社会固定资产总投资函数的估计,不考虑它的滞后影响是不合理的。进一步的,笔者认为选择式(7-14),而不选择式(7-13),作为社会固定资产总投资函数更为合理。

7.2.4 结论

通过以上分析,笔者认为我国社会固定资产总投资函数的合适选择是:

$$I = 0.25685195 * Y + 2.9185061 * DEBT - 224.03115 * R + 405.42042 + [AR(2) = -0.060317684] \quad (7\text{-}14)$$

从式(7-14)可以看出,国债变量前的参数符号为正,这表明国债和社会固定资产总投资同方向变动。国债变量前的参数值约为2.9185,这表明国债对社会固定资产总投资影响显著。

另外,以上七种回归情形的计算机输出结果详见附录二。

第8章

政策建议

通过对西方国家关于扩张性财政政策下国债投资的经济效应观点和一些经典文献的探讨，以及对我国国债投资的经济效应进行深入、全面的理论和实证分析，我们现对我国政府积极（扩张性）财政政策下运用国债投资的实践活动，提出以下政策建议：

1. 政府看待积极（扩张性）财政政策下国债投资的宏观经济效应时，既要从宏观着眼，又要从微观着眼

从宏观着眼就是指，政府应该看到，在宏观经济低迷的时期，进行国债投资确确实实能刺激消费、拉动民间投资、带动出口，确保经济稳定持续的增长。

从微观着眼就是指，政府应该清醒地认识到，国债投资的宏观经济效应在很大程度上取决于微观经济主体的反应。例如从前面的分析，我们可以看到，年轻人和老年人对政府发债的反应是不一致的。年轻人更注重未来消费，所以他们可能更愿意购买中长期国债，而老年人面临死亡的概率较大，他们更可能看重现在的消费，而不选择中长期国债投资。对未来收入预期较好的主体和对未来收入预期不佳的主体，他们对国债收益的处理方式也可能是不一样的。如果未来收入预期好，那么主体可能更敢花费购买国债所带来的收益；如果未来收入预期欠佳，那么主体可能会将得到的国债收益储蓄起来，以备他日急用，这时他们的行为是不符合政府的发债初衷的。因为政府当初发债，一定程度上是想刺激居民消费，扩大内需等。

政府如果能全面地分析积极（扩张性）财政政策下国债投资的宏观经济效应所产生的机制，就可以更准确地预期增加国债投资将产生的政策效果，而且还可以主动地采用一些政策措施，改变居民的现状或未来的预期，更好地确保国债投资的政策效果。例如，政府可以通过国债政策，调节社会的收入分配，缓解居民的流动性约束，刺激居民进行消费。政府还可以

加快社会保障体制的改革,使各项涉及居民收入和支出的改革措施尽早出台,已经出台的各项政策尽量保持可持续性,这样使居民对未来的各项收入和支出有明确的预期,消除不必要的忧患意识,敢于花钱、乐于花钱。这样必定能更好地发挥国债投资的宏观经济效应。

2. 在一定时期内积极(扩张性)财政政策是可以持续的,同时财政政策的转型和调整也是必要的

从长期角度考察,国债投资的合理规模主要取决于经济增长、利率变动之间的关系。因此,任何能够促进经济增长和保持利率稳定的政策措施都将有利于实现国债投资政策的可持续性。未来的财政政策应该着力促进产业结构的升级与变化,促进资本积累和技术进步,为我国未来长期经济增长提供充足的保证,为国民经济承担可能出现的更大规模的国债负担创造条件。

实现我国未来时期利率水平的稳定性,就应该确保宏观经济与社会环境的稳定。应该建立竞争有序的金融开放策略,防止国际游资的任意流动,避免由于过快开放金融市场造成金融产品价格大幅度波动和资本外逃;灵活运用财政政策与货币政策,避免利率的频繁波动。

我们认为,随着政府基础设施投资时间的推移,基础设施投资的拉动效应会逐步递减。在未来的几年中,如果再按原来的路子走下去,一方面已很难找到效益高、辐射带动作用强的"好项目",另一方面可能会加大政策实施风险。由此,如果积极(扩张性)财政政策要持续下去,那么必须调整政策取向,提高政策效果。例如增加对公用事业特别是农村公共事业投资,着力解决农民行路难、看病难、子女上学难、吃水难等问题,促进城乡经济社会协调发展;国债投资资金重点向农村倾斜,向结构调整倾斜,向中西部特别是西部地区倾斜,向生态环境建设倾斜,等等。

3. 政府应该通过国债投资项目的管理来回收投资资金,从而为增强积极(扩张性)财政政策的可持续性提供现实基础

在当前背景下,可以考虑从两个方面加强国债资金的回收和循环使用。一是将国债投资资金转借地方政府使用,由地方政府偿还。这不仅有利于分散和降低中央债务的压力,而且有利于清理目前地方政府中业已存在的不规范的融资行为和非法的融资渠道。1998 年、1999 年分别已经有 500 亿和 300 亿国债由中央转贷给地方使用。由于地方项目投资有明确的收益范围和利益约束,这样有利于地方加强对国债的使用和效益的管理。从这些国债投向项目看,大部分都还具备还本付息的能力。因而,在继续

实施积极(扩张性)财政政策中要进一步实施国债转贷,同时为了强化地方政府还债的约束力,必须从法律上规范地方政府的各项行为。二是通过资本市场回收国债投资资金。包括对国债投资项目的上市予以优先安排和必要的政策倾斜,通过股票市场实现资金回收;项目开始产生收益进入经营稳定期时,通过资产证券化手段将政府国债贷款转化为分散可流通的市场证券,出售证券回收资金;在产权交易市场上通过各种并购手段将这些项目转让给各类民间投资者,实施国债资金的退出与回收等三种形式。

4. 政府应该切实可行地解决积极(扩张性)财政政策实施过程中存在的问题

具体而言,要加强国债投资资金及项目管理,确保配套资金及时到位,认真做好项目收尾工作,争取较快建成投资,继续加大宣传、检查、审计力度,杜绝挤占、挪用国债资金的现象,保证工程质量,对收益性较弱的项目以及落后地区,国债资金应加大投入,减少对这些项目和地区配套资金的要求。

5. 政府国债资金应重点投向社会生产领域

从我们所作的计量分析来看,国债对消费存在一定的影响,但影响并不十分显著,而国债对社会固定资产投资影响较为显著。由此从国债投资的实际效应来看,我国国债资金对生产领域的影响更明显,因而政府国债应重点投向社会生产领域。

6. 当宏观经济运行良好、稳健时,积极(扩张性)财政政策可以适时淡出,这是一个必然的趋势

我们认为,积极(扩张性)财政政策是一个短期政策,时机成熟时应该淡出。其理由有两点:

第一,在长期中,宏观经济会依靠市场的力量,运行在接近充分就业的状态,这为政府支出的逐渐萎缩提供了机会,这同时为国债存量的减少提供了较好的时机。这时等比例地减少政府支出和国债存量是适宜的,其长期效应也可能有利于个人消费和储蓄的增加、福利的改进。

第二,即使积极(扩张性)财政政策是可以持续的,我们也应一分为二地看待这个问题。如果现在所积累的大量债务还来不及偿还时,宏观经济再次遭到冲击,那么政府将面临一个较高的初始债务存量,面临一个比现在更窄的发债空间。这时可以预见,第二次大规模发债很有可能极具风险,很有可能走向一条爆炸性的路径。我们认为,与其那时面临发债的尴

尬和无奈，还不如现在保持较小的债务存量，谨慎行事，或者在宏观经济运行良好、稳健时，积极(扩张性)财政政策适时淡出。从这点来看，古典经济学家预算平衡的理财思路，虽然有点保守，但对于防患财政风险还是值得借鉴的。

第9章

我国实施积极(扩张性)财政政策的理论启示

扩大内需的政策在特定条件下和特定时期中的积极效果,已为西方发达国家的实践所证明。这反映了**此类政策在市场经济条件下的一定合理性与现实性**。我们应当加以借鉴,而不应当完全跟着西方国家的风向和某些论调去简单地否定它。当然,我们也不能完全照搬而不顾形势和条件的差异。结合西方国家长期实行扩张性财政政策和我国1997年以后实行积极财政政策的理论和实践,我们至少可以在理论上对于实施此类财政政策来推动经济增长得到一些启示。

1. 实施积极(扩张性)财政政策的一般条件

扩大内需推动经济增长的积极(扩张性)财政政策产生积极效果需要**一定条件和时机**。这些条件和时机是否具备,是能否采用扩大内需政策取得成功,能够在多大程度上取得成功,有多大副作用的重要影响因素。**考虑采用扩大内需的政策就必须考虑这些必备条件和时机的情况**。在这方面,我们应该注意西方国家的一些经验教训,也要注意我国的已有经验。通过本课题研究,我们得出了以下一些重要认识:

(1) 连续实行积极(扩张性)财政政策要符合一定的客观条件。这方面直观的客观条件是经济中出现生产过剩、资金紧缩、总需求不足的现象。而同时经济中的资源和生产能力有大量闲置,而且有可以进行政府公共投资和支出的较大规模的具体项目。积极(扩张性)财政政策的核心就是以政府财政支出和投资带动社会私人投资和消费,从而扩张总需求,消化过剩的生产能力和产品,使经济恢复正常运转。如果没有上述条件,就无法实施积极(扩张性)财政政策。

20世纪30年代后,凡是能够证明这种凯恩斯主义政策具有实际效果的各方面的实践,都表明上述条件的重要性。不论是将扩张性财政政策运用于公共工程,还是运用于其他方面,甚至运用于军事生产和开支,只要规模足够大,都会在有充分资源供给的情况下产生预期的推动经济增长的作用。20世纪30年代和40年代美国的经济恢复与第二次世界大战中对军用物品总需求增长的后果,也都在一定程度上证明这些积极(扩张性)财政政策的成功是具备上述客观条件的。

因此,从理论上说,上述客观条件也是有效地运用总需求管理理论的必需。

(2) 连续实行积极(扩张性)财政政策要有经济形势上的需要和可行性。连续实行积极(扩张性)财政政策不仅要具备适当的客观条件,而且要具备经济形势上的需要和可能性。所谓经济形势的需要,是指经济确实在一段时期内出现了衰退或不景气,或者增长呆滞的状况。

2. 我国的特定情况

我国的社会主义市场经济与西方发达国家的市场经济有着很大的不同。我们不能采取完全自由放任的政策,因而,**扩大内需的财政政策是我们在发展经济过程中遇到经济衰退时不可避免的选择之一**。此外,在发展社会主义市场经济过程中,也需要我们采用一定的政府干预政策,特别是扩大内需的政策来平抑经济波动,稳定经济。通过实证分析,可以发现:

(1) 我国的具体经济条件具备在一个特定较长时期实行扩大内需政策的可能。这主要是因为我国是一个发展中国家,公共基础设施建设具有很大的发展空间。因此,在需要时,在一个特定时期内连续实行积极(扩张性)财政政策,将这种政策落实到公共基础设施建设上,就是可行的。此外,积极(扩张性)财政政策还可以落实到诸如农村水利建设、环境工程、生态保护工程、技术改造、科研、教育、城市社区教育等方面。政府支出在这些方面,不仅会直接改善国民的生活质量,而且为今后的经济发展创造更加有利的条件。所以,我国今后实施积极(扩张性)财政政策,甚至在短时期内连续实施积极(扩张性)财政政策还大有用武之地。

(2) 近年来,我们已经具有了实行扩大内需政策的一定成功经验。1998年后实施的积极(扩张性)财政政策,使我国成功地避免了亚洲金融危机对我国经济的冲击,使我们看到了这一政策在我国具体条件下的适用性。而且我国各级管理机构和民众也比较适应积极(扩张性)财政政策的运行。这些都有利于我国在经济形势需要时继续实行此类政策,也可以为我国继续实行此类政策取得社会信任和民众支持。

(3) 长期实行扩大内需的政策也需要注意一些问题,以免引起不期望出现的副作用。这主要是:

(a) **我国实行扩大内需的政策,主要方向应该是财政政策方面,但是,也应该有货币政策、金融政策和收入政策等方面的适当配合**。在一定条件下,那些方面甚至可以成为我们特定时期的主要政策选择方向。因为积极(扩张性)财政政策的实行,需要通过货币和金融来运作,而拉动消费也需要家庭增加收入作为前提。没有这些方面的配合,积极(扩张性)财政政策就无法落实。

我们知道,按照西方经济学的有关理论,如果在实行扩张性财政政策时,货币供给量不变,将会出现利率上升,导致政府支出对社会支出的"挤出效应"。如果相应增加货币供给量,则会缓解利率上升程度或维持利率不变,从而避免"挤出效应"。我国在1998年后实行积极(扩张性)财政政策时,由于利率未实现市场化,因而在实施积极(扩张性)财政政策时不会发生利率上升问题。而在当前形势下,尽管这一问题的基本趋向没有改变,但从长期看,这个问题必须解决,也就是说,在今后实行积极(扩张性)财政政策时,必须配合适当宽松的货币政策和金融政策,以避免出现"挤出效应"。

至于收入政策,则主要从增加居民消费以扩大内需着眼。因为,内需的扩大最终要依靠消费的增长,如果没有消费的增加,投资增加将会进一步加剧将来的经济紧缩。所以,在实行积极(扩张性)财政政策的时候,也应该适当配合收入政策的实行,比如,降低个人所得税或增加一些政府对个人的转移支付。

(b) 我国实行扩大内需的政策在理论和观念上也应当有所创新,而不必墨守成规。**我们在这里提出有别于西方国家的一个创新性观点,即在中国的市场经济条件下,扩大内需的政策不仅仅是总需求方面的政策,而且是总供给方面的政策;不仅是短期政策,它还是一种长期的政策;不仅是一种策略性政策,而且是一种战略性政策**。

我国改革开放以来,经济发展较为迅速,但是也逐步形成了一种不完全合理的经济结构,那就是:第一产业和第三产业发展不够,而第二产业中的外向型加工和制造业比重偏大,同时,东部地区发展较快与外向型加工制造业比重较大,而中西部地区发展相对落后。这样的产业结构与经济全球化的发展有着密切的关系。在全球经济顺利发展的过程中,我国的外向型经济分享了经济发展的好处,但是,在国外和全球经济衰退时,我国的外向型经济也无法避免外界负面影响的冲击。

当本课题结束的时候,恰恰又遇到了以美国为主的全球性金融危机和经济衰退对我们的冲击，特别是，对我国沿海外向型加工制造业造成的巨大负面冲击，造成不少中小企业关门倒闭、失业增加。对此，我国政府迅速提出4万亿投入的积极（扩张性）财政政策和适度宽松的货币政策，各地方政府也纷纷提出财政支持的配套措施。应该说，在这一政策下，政府支出在当前不仅具备现实的客观投资条件，而且具有更为广泛的运用方向。

利用这个机会，我们可以而且必须进行产业结构调整、地区性经济结构调整和产品结构的调整。而积极（扩张性）财政政策完全可以在这方面发挥积极作用。它不仅可以对扩大内需发挥作用，而且对调整这些结构、在长期中增加供给能力和供给结构产生积极影响，因为扩大投资本身就是增加未来的生产能力和供给能力。

此外，在当前形势和条件下，我国已经具有了一些与1998年亚洲金融危机发生时有所不同的条件。我们不仅可以继续运用增加政府支出的政策，也可以运用适当减税的税收政策（这在1998年时是受到财政状况限制的）；不仅可以运用政府支出来增加投资需求，而且可以运用政府转移支付来扩大消费需求和部分投资需求；不仅可以运用政府支出来直接扩张投资需求，也可以支持结构调整和技术改造，支持建立环境和生态保护产业。

我们相信，本课题得出的理论和经验性启示一定会对我们此番积极（扩张性）财政政策的实施具有有益的借鉴意义。

附　　录

附录一　消费函数回归的计算机输出结果

Case 1:CONSUMPTION = 0.58227297 * DEBT + 0.058698203 * K - 0.095014942 * S + 0.66185052 * Y2　　(A-1)

输出结果为:

LS//Dependent Variable is CONSUMPTION

Date: 03/14/00 Time: 15:52

Sample(adjusted): 1992 2002

Included observations: 11 after adjusting endpoints

Variable	Coefficient	Std. Error	t-Statistic	Prob.
DEBT	0.582273	0.241745	2.408626	0.0469
K	0.058698	0.030406	1.930454	0.0949
S	-0.095015	0.090086	-1.054718	0.3266
Y2	0.661851	0.041124	16.09397	0.0000

R-squared	0.998852	Mean dependent var	41103.91
Adjusted R-squared	0.998359	S. D. dependent var	15471.88
S. E. of regression	626.6617	Akaike info criterion	13.15610
Sum squared resid	2748934.	Schwarz criterion	13.30079
Log likelihood	-83.96688	F-statistic	2029.549
Durbin-Watson stat	2.228607	Prob(F-statistic)	0.000000

Case 2:去掉 S,重新进行回归得:

CONSUMPTION = 0.45756427 * DEBT + 0.066459318 * K + 0.57681658 * Y2 + 1673.0135 + [AR(1) = -1.3055039]　　(A-2)

输出结果为:

LS//Dependent Variable is CONSUMPTION

Date: 03/14/00 Time: 16:03

Sample(adjusted): 1993 2002

Included observations: 10 after adjusting endpoints

Convergence achieved after 6 iterations

Variable	Coefficient	Std. Error	t-Statistic	Prob.
DEBT	0.457564	0.035148	13.01835	0.0000
K	0.066459	0.011594	5.732004	0.0023
Y2	0.576817	0.004262	135.3287	0.0000
C	1673.014	172.6331	9.691149	0.0002
AR(1)	-1.305504	0.344910	-3.785056	0.0128

R-squared	0.999835	Mean dependent var	43621.79
Adjusted R-squared	0.999703	S. D. dependent var	13729.21
S. E. of regression	236.7355	Akaike info criterion	11.24074
Sum squared resid	280218.4	Schwarz criterion	11.39203
Log likelihood	-65.39308	F-statistic	7566.156
Durbin-Watson stat	1.946922	Prob(F-statistic)	0.000000

Case 3:在 Case 1 的基础上,考虑到 K 只是 1992 年后的事情,因此不妨试试将 K 去掉,重新进行回归得:

$$CONSUMPTION = 0.71797094 * DEBT + 0.63292229 * Y2 + 1037.8487 - 0.074254221 * S \quad (A\text{-}3)$$

输出结果为:

LS//Dependent Variable is CONSUMPTION

Date: 03/14/00 Time: 16:16

Sample(adjusted): 1981 2002

Included observations: 22 after adjusting endpoints

Variable	Coefficient	Std. Error	t-Statistic	Prob.
DEBT	0.717971	0.204808	3.505587	0.0025
Y2	0.632922	0.045178	14.00940	0.0000
C	1037.849	317.1071	3.272865	0.0042
S	-0.074254	0.086267	-0.860748	0.4007

R-squared	0.999414	Mean dependent var	24181.77
Adjusted R-squared	0.999317	S. D. dependent var	20481.15
S. E. of regression	535.3334	Akaike info criterion	12.72875
Sum squared resid	5158474.	Schwarz criterion	12.92712
Log likelihood	-167.2328	F-statistic	10240.09
Durbin-Watson stat	1.543655	Prob(F-statistic)	0.000000

Case 4:Case 3 基础上,去掉 S,重新进行回归得:

CONSUMPTION = 0.54643258 * DEBT + 0.59481153 * Y2 + 1249.8952 (A-4)

输出结果为:

LS//Dependent Variable is CONSUMPTION

Date: 03/14/00 Time: 16:39

Sample(adjusted): 1981 2002

Included observations: 22 after adjusting endpoints

Variable	Coefficient	Std. Error	t-Statistic	Prob.
DEBT	0.546433	0.046896	11.65191	0.0000
Y2	0.594812	0.008921	66.67181	0.0000
C	1249.895	198.3030	6.302955	0.0000

R-squared	0.999390	Mean dependent var	24181.77
Adjusted R-squared	0.999326	S.D. dependent var	20481.15
S.E. of regression	531.6706	Akaike info criterion	12.67817
Sum squared resid	5370798.	Schwarz criterion	12.82695
Log likelihood	-167.6765	F-statistic	15572.12
Durbin-Watson stat	1.517453	Prob(F-statistic)	0.000000

Case 5:既然 DEBT 和 S 之间,存在高度的线性关系,那么不妨在 Case 1 的基础上,去掉 DEBT,保留 S,然后进行回归。得到的方程为:

CONSUMPTION = 0.46974821 * Y2 + 3064.5381 + 0.1705998 * S + 0.10418477 * K + [AR(1) = -0.55594962] (A-5)

输出结果为:

LS//Dependent Variable is CONSUMPTION

Date: 03/14/00 Time: 16:53

Sample(adjusted): 1993 2002

Included observations: 10 after adjusting endpoints

Convergence achieved after 10 iterations

Variable	Coefficient	Std. Error	t-Statistic	Prob.
Y2	0.469748	0.026202	17.92800	0.0000
C	3064.538	670.9205	4.567662	0.0060
S	0.170600	0.030134	5.661441	0.0024
K	0.104185	0.022983	4.533195	0.0062
AR(1)	-0.555950	0.435198	-1.277464	0.2575

R-squared	0.999254	Mean dependent var	43621.79
Adjusted R-squared	0.998657	S.D. dependent var	13729.21
S.E. of regression	503.1382	Akaike info criterion	12.74858
Sum squared resid	1265740.	Schwarz criterion	12.89988

Log likelihood	-72.93230	F-statistic	1674.075
Durbin-Watson stat	2.050444	Prob(F-statistic)	0.000000
Inverted AR Roots			-.56

Case 6:如果我们承认式(A-5)可能是 1992 年后的消费函数形式,那么 1992 年前的消费函数形式又是怎样的呢?笔者在 Case 3 的基础上,选取 1978—1991 年间有关数据,对消费函数进行了估计。得到的方程为:

CONSUMPTION = -2.4478519 * DEBT + 0.85954466 * Y2 (A-6a)

输出结果为:

LS//Dependent Variable is CONSUMPTION

Date: 03/14/00 Time: 19:28

Sample(adjusted): 1981 1991

Included observations: 11 after adjusting endpoints

Variable	Coefficient	Std. Error	t-Statistic	Prob.
DEBT	-2.447852	0.609432	-4.016611	0.0030
Y2	0.859545	0.030509	28.17349	0.0000

R-squared	0.995729	Mean dependent var	7259.627
Adjusted R-squared	0.995254	S.D. dependent var	3396.210
S.E. of regression	233.9591	Akaike info criterion	11.07326
Sum squared resid	492631.9	Schwarz criterion	11.14560
Log likelihood	-74.51125	F-statistic	2098.216
Durbin-Watson stat	1.561199	Prob(F-statistic)	0.000000

我们可以保留 *S* 而去掉 DEBT,然后进行估计。这时得到的方程为:

CONSUMPTION = -0.24940146 * S + 0.83269335 * Y2 + [AR(1) = 0.39624452]

(A-6b)

输出结果为:

LS//Dependent Variable is CONSUMPTION

Date: 03/14/00 Time: 19:39

Sample(adjusted): 1979 1991

Included observations: 13 after adjusting endpoints

Convergence achieved after 5 iterations

Variable	Coefficient	Std. Error	t-Statistic	Prob.
S	-0.249401	0.069242	-3.601874	0.0048
Y2	0.832693	0.028570	29.14585	0.0000
AR(1)	0.396245	0.269570	1.469912	0.1723

R-squared	0.997516	Mean dependent var	6573.185
Adjusted R-squared	0.997019	S.D. dependent var	3524.877

S. E. of regression	192.4399	Akaike info criterion	10.71874
Sum squared resid	370331.2	Schwarz criterion	10.84912
Log likelihood	-85.11802	F-statistic	2008.024
Durbin-Watson stat	1.879222	Prob(F-statistic)	0.00000
Inverted AR Roots	0.40		

Case 7：以 CONSUMPTION 为被解释变量，以 Y_2 为解释变量，对 1978—1991 年间的消费函数进行估计。经过多次的调整，最后得到的较为满意的方程为：

CONSUMPTION = 0.59904594 * Y2 + [AR(1) = 1.0673033] （A-7）

输出结果为：

LS//Dependent Variable is CONSUMPTION

Date: 03/14/00 Time: 19:55

Sample(adjusted): 1979 1991

Included observations: 13 after adjusting endpoints

Convergence achieved after 7 iterations

Variable	Coefficient	Std. Error	t-Statistic	Prob.
Y2	0.599046	0.134908	4.440403	0.0010
AR(1)	1.067303	0.093642	11.39775	0.0000

R-squared	0.996274	Mean dependent var	6573.185
Adjusted R-squared	0.995935	S. D. dependent var	3524.877
S. E. of regression	224.7313	Akaike info criterion	10.97045
Sum squared resid	555545.6	Schwarz criterion	11.05736
Log likelihood	-87.75412	F-statistic	2941.176
Durbin-Watson stat	2.103998	Prob(F-statistic)	0.000000
Inverted AR Roots	1.07		

Estimated AR process is nonstationary

附录二 社会固定资产总投资函数回归分析的计算机输出结果

Case 1：首先按照经济学中规范的投资函数，选取变量进行回归。以投资 i 作为被解释变量，以利率 r、国内生产总值 y 及产出的变动 Δy 作为解释变量，选取中国 1988—2002 年相关变量的数据，进行简单的线性回归。得到的方程为：

I = 0.34886846 * Y + 0.71913876 * Y2 + 86.863184 * R - 1474.4704 + [AR(3) = -0.71909815] （B-1）

输出结果为：

LS//Dependent Variable is I

Date: 03/08/00 Time: 15:59

Sample(adjusted): 1991 2001

Included observations: 11 after adjusting endpoints

Convergence achieved after 46 iterations

Variable	Coefficient	Std. Error	t-Statistic	Prob.
Y	0.348868	0.024614	14.17369	0.0000
Y2	0.719139	0.439987	1.634456	0.1533
R	86.86318	115.5045	0.752033	0.4805
C	-1474.470	623.8676	-2.363435	0.0560
AR(3)	-0.719098	0.264811	-2.715516	0.0348

R-squared	0.993293	Mean dependent var	21823.18
Adjusted R-squared	0.988821	S. D. dependent var	10166.78
S. E. of regression	1074.919	Akaike info criterion	14.26296
Sum squared resid	6932701.	Schwarz criterion	14.44382
Log likelihood	-89.05458	F-statistic	222.1433
Durbin-Watson stat	2.509637	Prob(F-statistic)	0.000001

Case 2 :在 Case 1 的基础上,去掉 r,重新进行回归得:

$$I = 0.34511889 * Y + 0.81686637 * Y2 - 1012.0639 + [AR(3) = -0.43702469] \quad (B\text{-}2)$$

输出结果为:

LS//Dependent Variable is I

Date: 03/08/00 Time: 16:04

Sample(adjusted): 1982 2001

Included observations: 20 after adjusting endpoints

Convergence achieved after 10 iterations

Variable	Coefficient	Std. Error	t-Statistic	Prob.
Y	0.345119	0.014640	23.57322	0.0000
Y2	0.816866	0.371650	2.197947	0.0430
C	-1012.064	240.7343	-4.204070	0.0007
AR(3)	-0.437025	0.274048	-1.594701	0.1303

R-squared	0.995398	Mean dependent var	13379.71
Adjusted R-squared	0.994535	S. D. dependent var	12121.71
S. E. of regression	896.1022	Akaike info criterion	13.77297
Sum squared resid	12847985	Schwarz criterion	13.97211
Log likelihood	-162.1084	F-statistic	1153.564

Durbin-Watson stat	1.416889	Prob(F-statistic)	0.000000

Case 3:在 Case 1 的基础上,去掉 Y_2,进行重新回归,得:

I = 0.38132273 * Y - 1874.1066 + 41.045948 * R + [AR(3) = -0.70753609]　　(B-3)

输出结果为:

LS//Dependent Variable is I

Date: 03/08/00 Time: 16:09

Sample(adjusted): 1991 2001

Included observations: 11 after adjusting endpoints

Convergence achieved after 34 iterations

Variable	Coefficient	Std. Error	t-Statistic	Prob.
Y	0.381323	0.016524	23.07718	0.0000
C	-1874.107	643.3597	-2.913000	0.0226
R	41.04595	126.5297	0.324398	0.7551
AR(3)	-0.707536	0.345826	-2.045929	0.0800

R-squared	0.990306	Mean dependent var	21823.18
Adjusted R-squared	0.986151	S. D. dependent var	10166.78
S. E. of regression	1196.446	Akaike info criterion	14.44951
Sum squared resid	10020374	Schwarz criterion	14.59420
Log likelihood	-91.08062	F-statistic	238.3578
Durbin-Watson stat	1.661406	Prob(F-statistic)	0.000000

由此,Case 2 式估计出来的模型,较好地反映了投资的影响因素。

Case 4:在 Case 1 的基础上,去掉 R 和 Y_2,重新估计投资函数得:

I = 0.39130179 * Y - 4483.7226 + [AR(7) = 0.77958567]　　(B-4)

输出结果为:

LS//Dependent Variable is I

Date: 03/08/00 Time: 16:15

Sample(adjusted): 1986 2001

Included observations: 16 after adjusting endpoints

Convergence achieved after 8 iterations

Variable	Coefficient	Std. Error	t-Statistic	Prob.
Y	0.391302	0.015148	25.83194	0.0000
C	-4483.723	8275.258	-0.541823	0.5971
AR(7)	0.779586	0.451995	1.724768	0.1082

R-squared	0.993506	Mean dependent var	16290.53
Adjusted R-squared	0.992507	S. D. dependent var	11868.35

S. E. of regression	1027.349	Akaike info criterion	14.03683
Sum squared resid	13720794	Schwarz criterion	14.18169
Log likelihood	-131.9977	F-statistic	994.4349
Durbin-Watson stat	1.402882	Prob(F-statistic)	0.000000

Case 5，现在引入国债，以投资为被解释变量，以 y、r、Δy、debt 为解释变量，选取中国 1988—2002 年的相关变量的数据，进行简单的线性回归。得到的方程为：

I = 0.21302575 * Y + 3.3762894 * DEBT - 45.058494 * R + 0.31477784 * Y2 - 921.04058 (B-5)

其中 Y_2 表示 ΔY。

输出结果为：

LS//Dependent Variable is I

Date：03/07/00 Time：19:16

Sample(adjusted)：1988 2002

Included observations：15 after adjusting endpoints

Variable	Coefficient	Std. Error	t-Statistic	Prob.
Y	0.213026	0.037621	5.662441	0.0002
DEBT	3.376289	0.570389	5.919280	0.0001
R	-45.05849	46.95665	-0.959576	0.3599
Y2	0.314778	0.107910	2.917048	0.0154
C	-921.0406	564.6966	-1.631036	0.1339

R-squared	0.997549	Mean dependent var	19815.74
Adjusted R-squared	0.996569	S. D. dependent var	12920.47
S. E. of regression	756.8109	Akaike info criterion	13.51943
Sum squared resid	5727627.	Schwarz criterion	13.75545
Log likelihood	-117.6798	F-statistic	1017.617
Durbin-Watson stat	2.336693	Prob(F-statistic)	0.000000

Case 6：因此不妨将 R 去掉，然后再重新进行回归。这时得到的方程为：

I = 0.18069056 * Y + 3.7538379 * DEBT + 0.36656383 * Y2 - 277.90323 (B-6)

输出结果为：

LS//Dependent Variable is I

Date：03/07/00 Time：19:21

Sample：1978 2002

Included observations：25

Variable	Coefficient	Std. Error	t-Statistic	Prob.
Y	0.180691	0.022698	7.960465	0.0000
DEBT	3.753838	0.388903	9.652380	0.0000

Y2	0.366564	0.065458	5.600016	0.0000
C	-277.9032	213.1084	-1.304046	0.2063

R-squared	0.998248	Mean dependent var	12572.12
Adjusted R-squared	0.997998	S.D. dependent var	13409.49
S.E. of regression	600.0195	Akaike info criterion	12.93957
Sum squared resid	7560493.	Schwarz criterion	13.13459
Log likelihood	-193.2181	F-statistic	3988.614
Durbin-Watson stat	1.906308	Prob(F-statistic)	0.000000

Case 7：如果去掉 ΔY，即 Y_2，以投资 I 为被解释变量，国债发行量 DEBT、国内生产总值 GDP、真实利率 R 为解释变量，重新进行回归，得到的方程为：

I = 0.25685195 * Y + 2.9185061 * DEBT - 224.03115 * R + 405.42042 + [AR(2) = -0.060317684] (B-7)

输出结果为：

LS//Dependent Variable is I

Date: 03/07/00 Time: 19:49

Sample(adjusted): 1990 2002

Included observations: 13 after adjusting endpoints

Convergence achieved after 4 iterations

Variable	Coefficient	Std. Error	t-Statistic	Prob.
Y	0.256852	0.033500	7.667244	0.0001
DEBT	2.918506	0.540686	5.397785	0.0006
R	-224.0311	51.06911	-4.386823	0.0023
C	405.4204	974.4546	0.416049	0.6883
AR(2)	-0.060318	0.255280	-0.236281	0.8192

R-squared	0.997335	Mean dependent var	22159.38
Adjusted R-squared	0.996003	S.D. dependent var	12252.72
S.E. of regression	774.6316	Akaike info criterion	13.58850
Sum squared resid	4800433.	Schwarz criterion	13.80579
Log likelihood	-101.7714	F-statistic	748.5781
Durbin-Watson stat	2.077775	Prob(F-statistic)	0.000000

附录三　挤入效应分析中的计量输出结果

1. 以民间投资为被解释变量，以实际利率为解释变量，进行简单的一元回归，数据来源于《中国统计年鉴 2001》和《中国金融年鉴 1992—2001》。①

输出结果为:

LS//Dependent Variable is INVEST

Date: 02/06/00 Time: 15:19

Sample: 1988 2000

Included observations: 13

Variable	Coefficient	Std. Error	t-Statistic	Prob.
RATE	607.3352	343.3230	1.768991	0.1046
C	14142.44	2441.918	5.791529	0.0001

R-squared	0.221477	Mean dependent var	15610.32
Adjusted R-squared	0.150703	S.D. dependent var	8985.227
S.E. of regression	8280.545	Akaike info criterion	18.18397
Sum squared resid	7.54E+08	Schwarz criterion	18.27088
Log likelihood	-134.6420	F-statistic	3.129328
Durbin-Watson stat	0.357892	Prob(F-statistic)	0.104577

2. 现在对简单一元回归模型进行处理,考虑到扰动项的自相关性,因此以民间投资为被解释变量,以实际利率为解释变量,进行二阶自回归 AR(2)分析。

输出结果为:

Variable	Coefficient	Std. Error	t-Statistic	Prob.
C	-2066203.	37092585	-0.055704	0.9569
RATE	-208.7020	37.79571	-5.521844	0.0006
AR(2)	1.002373	0.042760	23.44175	0.0000

R-squared	0.984160	Mean dependent var	17749.87
Adjusted R-squared	0.980200	S.D. dependent var	8009.210
S.E. of regression	1127.000	Akaike info criterion	14.28163
Sum squared resid	10161029	Schwarz criterion	14.39015
Log likelihood	-91.15729	F-statistic	248.5234
Durbin-Watson stat	2.154352	Prob(F-statistic)	0.000000
Inverted AR Roots	1.00	-1.00	

Estimated AR process is nonstationary

① 数据转引自田杰棠:"近年来财政扩张挤出效应的实证分析",《财贸研究》,2002 年第 3 期。

附录四　世代交叠模型分析中国国债宏观经济效应的有关计算过程

1. 套利条件的推导

消费者效用最大化问题：

$$\max u(c_t^t)+\beta u(c_{t+1}^t)\quad \text{s.t.}$$

$$c_t^t=w_te_t^t-\tau_t-(b_{t+1}^h+k_{t+1}^h+\hat{k}_{t+1}^h)(1+n)$$

$$c_{t+1}^t=w_{t+1}e_{t+1}^t+[(1+r_{t+1}^b)b_{t+1}^h+(1+r_{t+1}^k)k_{t+1}^h+(1+\hat{r}_{t+1}^k)\hat{k}_{t+1}^h](1+n)$$

$$c_t^t,c_{t+1}^t\geqslant 0$$

将约束条件代入目标函数得：

$$\max u[w_te_t^t-\tau_t-(b_{t+1}^h+k_{t+1}^h+\hat{k}_{t+1}^h)(1+n)]+$$
$$\beta u\{w_{t+1}e_{t+1}^t+[(1+r_{t+1}^b)b_{t+1}^h+(1+r_{t+1}^k)k_{t+1}^h+(1-\hat{r}_{t+1}^k)\hat{k}_{t+1}^h](1+n)\}\tag{D-1}$$

就式(D-1)求 b_{t+1}^h、k_{t+1}^h、$\hat{k}_{t+1}^h$ 的导数得：

$$\begin{aligned}u_1'&=\beta u_2'(1+r_{t+1}^b)\\u_1'&=\beta u_2'(1+r_{t+1}^k)\\u_1'&=\beta u_2'(1+\hat{r}_{t+1}^k)\end{aligned}\tag{D-2}$$

其中 u_1' 表示 $u'(c_t^t)$，u_2' 表示 $u'(c_{t+1}^t)$。

对方程组(D-2)进一步化简，则得到：

$$r_{t+1}^k=\hat{r}_{t+1}^k=r_{t+1}^b=r_{t+1}\tag{D-3}$$

2. 综合预算约束条件的推导

将式(D-3)代入原消费者效用最大化问题，得：

$$\max u(c_t^t)+\beta u(c_{t+1}^t)\quad \text{s.t.}$$

$$c_t^t=w_te_t^t-\tau_t-(b_{t+1}^h+k_{t+1}^h+\hat{k}_{t+1}^h)(1+n)$$

$$c_{t+1}^t=w_{t+1}e_{t+1}^t[(1+r_{t+1})b_{t+1}^h+(1+r_{t+1})k_{t+1}^h+(1+r_{t+1})\hat{k}_{t+1}^h](1+n)$$

$$c_t^t,c_{t+1}^t\geqslant 0\tag{D-4}$$

对式(D-4)的预算约束进一步化简，得：

$$\max u(c_t^t)+\beta u(c_{t+1}^t)\quad \text{s.t.}$$

$$c_t^t = w_t e_t^t - \tau_t - (b_{t+1}^h + k_{t+1}^h + \hat{k}_{t+1}^h)(1+n)$$
$$c_{t+1}^t = w_{t+1} e_{t+1}^t + (1+r_{t+1})(b_{t+1}^h + k_{t+1}^h + \hat{k}_{t+1}^h)(1+n)$$
$$c_t^t, c_{t+1}^t \geqslant 0 \tag{D-5}$$

进一步：

$$\max u(c_t^t) + \beta u(c_{t+1}^t) \quad \text{s.t.}$$
$$c_t^t + \frac{c_{t+1}^t}{1+r_{t+1}} = w_t e_t^t - \tau_t + \frac{w_{t+1} e_{t+1}^t}{1+r_{t+1}}$$
$$c_t^t, c_{t+1}^t \geqslant 0 \tag{D-5}$$

3. 经济行为人的内部一阶条件的推导

将式(D-5)中的约束条件，代入目标函数地：

$$\max u\left(w_t e_t^t - \tau_t + \frac{w_{t+1} e_{t+1}^t}{1+r_{t+1}} - \frac{c_{t+1}^t}{1+r_{t+1}}\right) + \beta u(c_{t+1}^t) \tag{D-6}$$

求式(D-6)最大化的一阶条件得：

$$u'(c_t^t)\left(-\frac{1}{1+r_{t+1}}\right) + \beta u'(c_{t+1}^t) = 0 \tag{D-7}$$

整理得：

$$u'(c_t^t)/u'(c_{t+1}^t) = \beta(1+r_{t+1}) \tag{D-8}$$

中英文参考文献

1. Aiyagari C. R. and E. R. McGratten (1998), "The Optimum Quantity of Debt", *Journal of Monetary Economics* 42, 447—469.

2. Atreya Chakraborty, "Ricardian Equivalence: Further Evidence", *International Economic Journal*, Volume 10, Number 3, Autumn 1996.

3. Abbap Lerner(1994), *The Economics of Contral: Principles of Welfare Economics*, New York: The Macmillan Company.

4. Atreya Chakraborty, Abdikarim M. Farah, "Ricardian Equivalence: Further Evidence", *International Economic Journal*, Volume 10, Number 3, Autumn 1996.

5. Bailey, M. J. (1962), *National Income and Price Level*, New York: McGraw-Hill.

6. Barth, James R., "Government Debt, Government Spending, and Private Sector Behavior: Comment", *Ameri. Econ. Rev.*, Dec. 1986, 76(5): 1158—1167.

7. Barro, Robert J. (1974), "Are Government Bonds Net Wealth?", *Journal of Political Economy* 82:1095—1117.

8. Barro, Robert J. (1989a), "The Neoclassical Approach to Fiscal Policy", in R. J. Barro (ed), *Modern Business Cycle Theory*, Harvard University Press, 178—235.

9. Barro, Robert J. (1993), *Macroeconomics*, John Wiley EY&Sons, Inc.

10. B. Douglas Bernheim, "A Neoclassical Perspective on Budget Deficits", *The Journal of Economic Perspectives*, Volume 3, Issue 2 (Spring, 1989): 55—72.

11. Benjamin M. Friedman, "Learning from the Reagan Deficit", *The American Economic Review*, Volume 82, Issue 2.

12. Blanchard, Oliver, "Debt, Deficits and Finite Horizons", *Journal of Political Economy*, 92(April, 1985):223—247.

13. Bryant, R. C. , D. W. Henderson, G. Holtham, P. Hooper and S. A. Symansky(1988), *Empirical Macroeconomics for Interdependent Economics*, The Brookings Institution.

14. Buiter, W. (1981), "Time Preference and International Lending and Barrowing in an Overlapping Generations Model", *Journal of Political Economy* 89,769—797.

15. Dornbusch, R. and S. Fischer (1994), *Macroeconomics*, New York: McGraw-Hill, Inc.

16. David Alan Aschauer, "Fiscal Policy and Aggregate Demand", *The American Economic Review*, Volume 75, Issue 1(Mar., 1985), 117—127.

17. David Alan Aschauer, "Fiscal Policy and Aggregate Demand: Reply", *The American Economic Review*, Volume 83, Issue 3 (Jun., 1993): 667—669.

18. David Romer (2001), *Advanced Macroeconomics*, Second Edition, McGraw-Higher Education.

19. Domar, E. (1944), "The 'Burden of the Debt' and the National Income," *Amercian Economic Review*, 34:798—827.

20. Emanuela Cardia, "Replicating Ricardian Equivalence Tests with Simulated Series", *The American Economic Review*, Volume 87, Issue 1(Mar., 1997): 65—69.

21. Emma Galli, Fabio Padovano(2002), "A comparative Test of Alternative of the Determinants of Italian Public Deficits (1950—1998)", *Public Choice* 113:37—58.

22. Friedman, B. M. (1977), "Financial Flow Variables and the Short-run Determination of Long-term Interest Rates," *Journal of Political Economy*, 85:661—689.

23. Friedman, B. M. (1978), "Crowding Out or Crowding In? Economic Consequences of Financing Government Deficits", *Brookings Papers on Economic Activity*, 9:593—641.

24. Feldstein M. and Elmendorf Douglas W. (1990), "Government Debt, Government Spending, and Private Sector Behavior Revisited: Comment", *American Economic Review*, June:589—599.

25. Frenkel, J. A. and A. Razin(1987), *Fiscal Policies and the World Econo-*

my: *An Intertemporal Approch*, Cambridge: MIT Press.

26. Frenkel, J. A. and A. Razin(1988), "Spending, Taxes and Deficits: International-Intertemporal Approach", *Princeton Studies Intl Economics*, December.
27. Guillermo Calvo, Mervyn King(1998), *The Debt Burden and Its Consequences for Monetary Policy*: *Proceedings of a Conference Held by the International Economical Association at the Deutsche Bundesbank*, Frankfurt, Germany: ST. MARTIN'S PRESS, INC.
28. John B. Taylor, Michael Woodford(eds.), *Handbook of Macroeconomics*: *Volume 1C*, North Holland, 1999, 1628—1630.
29. J. C. N. Perkins, *Budget Deficits and Macroeconomic Policy*, Macmillan Press Ltd., 1997.
30. John J. Seater, "Richard Equivalence", *Journal of Economic Literature*, Volume 31, Issue 1(Mar., 1993): 142—190.
31. J. R. Hicks, "Mr. Keynes and the 'Classics'; A Suggested Interpretation", *Econometrica*, Volume 5, Issue 2(Apr., 1937): 147—159.
32. John J. Seater, "Ricardian Equivalence", *Journal of Economic Literature*, Volume 31, Issue 1(Mar., 1993): 142—190.
33. Kahn, R. F. (1931), "The Relation of Home Investment to Unemployment", *Economic Journal* 41: 173—198.
34. Kormendi, Roger C., "Government Debt, Government Spending, and Private Sector Behavior", *Amer. Econ. Rev.*, Dec. 1986, 76(5): 243—255.
35. Lakis C. Kaounides, Geoffrey E. Wood(1992), *Debt and Deficits Volume I*: *Public Debt and Classical Political Economy*, Edward Elgar Publishing Company.
36. Lakis C. Kaounides, Geoffrey E. Wood(1992), *Debt and Deficits Volume II*: *Deficit Finance*, *the New Economics and Dissenters*, Edward Elgar Publishing Company.
37. Lakis C. Kaounides, Geoffrey E. Wood(1992), *Debt and Deficits Volume III*: *Debt Neutrality and the Theory of Fiscal Policy 1970s to 1990s*, Edward Elgar Publishing Company.
38. Martin Feldstein, "The Effects of Fiscal Policies When Incomes Are Un-

certain: A Contraction to Ricardian Equivalence", *The Amerian Economic Review*, Volume 78, Issue 1 (Mar., 1988).

39. Mark Gertler (1992), "Financial Capacity and Output Fluctuations in an Economy with Multi-Period Financial Relationships", *Review of Economic Studies* 59: 455—472.

40. Marcello De Cecco, Lorenzo Peech, Gustavo Piga (1997), *Managing Public Debt: Index-Linked Bonds in Theory and Practice*, Edward Elgar Publishing Company.

41. Martin Feldstein (1982), "Government Deficits and Aggregate Demand", *Journal of Monetary Economics* 9: 1—20.

42. Michel Strawczynski, "Income Uncertainty and Ricardian Equivalence", *The American Economic Review*, Volume 85, Issue 4 (Sep., 1995).

43. Modigliani, Franco, "The Life Cycle Hypothesis: Estimation and Testing by Instrumental Variables", *J. P. E.* 90 (October 1982): 895—916.

44. Martin Feldstein, "The Effects of Fiscal Policies When Incomes Are Uncertain: A Contradiction to Ricardian Equivalence", *The Aemerican Economic Review*, Volume 78, Issue 1 (March., 1988): 14—23.

45. Modigliana, Franco and Sterling, Arlie, "Government Debt, Government Spending, and Private Sector Behavior: A Further Comment", *Amer. Econ. Rev.*, Dec. 1986, 76(5): 1168—1179.

46. Mckibbin, W. J. (1994), "The Effect of Fiscal Consolidation in the OECD", *Policy Research Paper*, The World Bank No. 1354.

47. Mckibbin, W. J. and P. Bagnoli (1993), "Fiscal Deficit Reduction: An Evaluation of Alternatives", Brookings Discussion Papers in Institution Economics No. 101.

48. Mckibbin, W. J. and J. D. Sachs (1991), *Global Linkages*, The Brookings Institution.

49. Nigel A. Chalk (2000), "The Sustainability of Bond-financed Deficits: An Overlapping Generations Approach", *Journal of Monetary Economics* 45: 293—328.

50. Olivier J. Blanchard (1985), "Debt, Deficits, and Finite Horizons", *Journal of Political Economy*, Vol. 93, No. 2.

51. Paul Evans (1985), "Do Large Deficits Produce High Interest Rates?",

The American Economic Review, Volume 75, No. 1.

52. Peter A. Diamond (1965), "National Debt in a Neoclassical Growth Model", *The American Economic Review*, LV, December, 1126—1150.
53. Paul Evans, "Are Consumers Ricardian? Evidence for the United States", *The Journal of Political Economy*, Volume 96, Issue 5 (Oct., 1988): 983—1004.
54. Philip Gerson, "The Impact of Fiscal Policy Variables on Output Growth", IMF Working Paper (Jan., 1998).
55. Robert J. Barro, "Optimal Debt Management", Working Paper 5327 of NBER Working Paper Series (October, 1995).
56. Robert J. Barro, "The Ricardian Approach to Budget Deficits", *The Journal of Economic Perspectives*, Volume 3, Issue 2 (Spring, 1989): 37—54.
57. Robert J. Barro, "Federal Deficits, Interest Rates, and Monetary Policy: Comment", *Journal of Money, Credit and Banking*, Volume 17, Issue 4, Part 2: Monetary Policy in a Changing Financial Environment (Nov., 1985): 682—685.
58. Robert B. Barsky, N. Gregory Mankiw, and Stephen P. Zeldes, "Ricardian Consumers with Keynesian Propensities", *The American Economic Review* (Sept. 1986).
59. Rafael Domenech, David Taguas and Juan Varela (1996), *The Effects of Budget Deficits on National Saving in the OECD*, the CMTEA.
60. Robert J. Barro and Xavier Sala-I-Martin (1992), "Public Finance in Models of Economic Growth", *Review of Economic Studies* 59: 645—661.
61. Shawn Ni, Xinghe Wang, "Balanced Government Budgets versus Deficit Finance in a Growth Economy", *The Canadian Journal of Economics*, Volume 28, Issue 4b (Nov., 1995): 1120—1134.
62. Shinichi Nishiyama (2002), "Ricardian Equivalence With Incomplete Household Risk Sharing", *Journal of Economic Literature*, Classification: H31, December.
63. Stigliz, J. E. (1998), *Economics of the Public Sector*, W. W. Norton & Company.

64. Tobin, J. (1961), "Money, Capital, and Other Stores of Value", *American Economic Review*, 51:26—37.

65. Tobin, J. (1963), "An Essay on the Principles of Debt Management", *Fiscal and Debt Management Policies*, prepared for the Commission on Money and Credit, Englewood Cliffs: Prentice-Hall, Reprinted as New Haven: Cowles Foundation Paper No. 195.

66. Torbin Becker, "Government Debt and Private Consumption: Theory and Evidence", Working Paper Series in Economics and Finance with Number 71 of Stockholm School of Economics.

67. Tobin, James and S. S. Golub (1998), *Money, Credit, and Capital*, McGraw-Hill, Inc.

68. Tatsuji Hayakawa, Paul J. Zak (2002), "Debt, Death and Taxes", *International Tax and Public Finance*, 9, 157—173.

69. 〔美〕保罗·萨缪尔森、威廉·诺德豪斯:《宏观经济学》,萧琛等译,华夏出版社,1999 年。

70. 〔美〕本杰明· M. 弗里德曼、〔英〕弗兰克·H. 哈恩:《货币经济学手册》第 2 卷,陈雨露等译,经济科学出版社,2002 年。

71. 宾建成、黄卫华:"中国国债规模的分析和思考",《贵州财经学院学报》,2003 年第 6 期。

72. 陈力峰:"货币局制度:阿根廷危机的制度根源",《世界经济研究》,2002 年第 3 期。

73. 〔美〕菲力蒲·凯甘:《赤子经济》,中国经济出版社,1988 年。

74. 高长春:"中日实行扩张性财政政策与投资乘数比较分析",《东北亚论坛》,2001 年 2 月。

75. 高培勇等:《市场化进程中的中国财政运行机制》,中国人民大学出版社,2001 年。

76. 郭庆旺:《促进经济稳定增长的财政政策研究文集》,经济科学出版社,2000 年。

77. 李圣君:《财政货币政策与现代市场经济》,东北财经大学出版社,2002 年。

78. 林双林:《开放经济中的政府预算赤字》,中国社会科学出版社,1997 年。

79. 刘立峰:"国债政策可持续性与财政风险的理论解析",《改革》,2002

年第 3 期。
80. 〔美〕詹姆斯·M. 布坎南:《民主财政论:财政制度和个人选择》,商务印书馆,1993 年。
81. "积极财政政策是得不出乐观的结论的——吴敬琏教授访谈录",《云南财贸学院学报》,2001 年第 2 期。
82. 贾康:"我国财政政策的简要回顾与效应评析",《财经论丛》,2003 年第 1 期。
83. 〔美〕杰弗里·萨克斯、费利普·拉雷恩:《全球视角的宏观经济学》,上海三联书店,上海人民出版社,1997 年。
84. 联合国拉美经济委员会:"跨入 80 年代的拉丁美洲",1979 年。
85. 联合国拉美经济委员会:"公正与生产改造:一种综合的观点",1992 年。
86. 联合国拉美经济委员会:"拉丁美洲的调整政策和外债重新谈判",1984 年。
87. 刘海虹:"财政赤字的挤出效益分析",《武汉大学学报》,1997 年第 6 期。
88. 刘溶沧等:"赤字、国债与经济增长关系的实证分析",《经济研究》,2001 年第 2 期。
89. 刘溶沧:《中国财政政策货币政策理论与实践》,中国金融出版社,2001 年。
90. 邱琳莹:"公共债务管理",《中国货币市场》,2003 年第 3 期。
91. 商庆军:"美国'新经济'述评",《南开经济研究》,2000 年第 1 期。
92. 史永东,齐鹰飞:"中国经济的动态效率",《世界经济》,2002 年第 8 期。
93. 孙海鸣:"扩张性财政政策的效应及今后的政策选择",《财经研究》1999 年第 12 期。
94. 谭淞等:"美国国债供给缩减的经济影响",《国际金融研究》,2001 年第 9 期。
95. 王传纶:《西方财政金融思想发展》,西南财经大学出版社,1990 年。
96. 王军蕾:"阿根廷经济危机的根源究竟何在?",《拉丁美洲研究》,2002 年第 3 期。
97. 王劲松:"政府融资决策无效性理论及对中国的启示",《财经研究》,2002 年第 5 期。

98. 王志伟:《现代西方经济学流派》,北京大学出版社,2002 年。
99. 吴超林:"积极财政政策增长效应的制度条件分析",《世界经济》,2001 年第 12 期。
100. 徐连仲、张学武、刘满平:"通胀压力明显增大,采取措施刻不容缓",《市场内参》,2004 年第 6 期。
101. 颜鹏飞、张彬:《凯恩斯主义经济政策述评》,武汉大学出版社,1997 年。
102. 晏智杰:《西方市场经济下的政府干预》,中国计划出版社,1997 年。
103. 张馨等:《当代财政与财政学主流》,东北财经大学出版社,2000 年。
104. 张志超、李平:《政府财政政策的国际比较》,经济科学出版社,2001 年。
105. 浙江财经学院课题组:"积极财政政策的国债规模限度风险研究",《财经论丛》,2001 年第 11 期。
106. 袁东:《国债市场:财政政策与经济增长》,经济科学出版社,1999 年。
107. 袁东:"论开放经济条件下公债效应的理论与现实问题",《财贸经济》,2001 年第 3 期。

后记

本课题是教育部人文社会科学基金资助的项目。课题的基本思路和框架,以及全书的组织和写作由王志伟教授负责,毛晖博士和湛志伟博士参加了本课题的研究工作,做出了相应的贡献。

对于本课题进行过程中给予帮助的所有单位和个人表示衷心的感谢!

王志伟　湛志伟　毛晖

2008 年 12 月 20 日